urania

Schlank mit **Ayurveda**

Inhalt

Abnehmen und gesund werden 4

▶ Was ist eigentlich Ayurveda?

Den Menschen als Ganzes betrachten 8

Gleichgewicht als Ziel jeder Behandlung 8

Unsere Lebensenergien – die drei Doshas 10

▶ Richtig ernähren nach Ayurveda

Die subtilen Kräfte der Lebensmittel 16

Über Geschmack soll man nicht streiten 16

Agni, der Motor des Stoffwechsels 17

Ayurvedische Ernährungsregeln 18

Ausgleich für Vata, Pitta und Kapha 22

Lebensmittel für den Vata-Typ 24

Lebensmittel für den Pitta-Typ 25

Lebensmittel für den Kapha-Typ 25

Besonderheiten für Mischtypen 27

Special: **Die wichtigsten ayurvedischen Heilkräuter und Gewürze** 28

▶ Ayurvedisch kochen – der Figur zuliebe

Mit Liebe kochen – Liebe schenken 36

Machen Sie Alltägliches zu einem Fest 36

Inhalt

Rezepte – gesund und köstlich **38**
Getränke für jede Gelegenheit 38
Für zwischendurch und als Vorspeise 41
Hauptgerichte – für jeden etwas 43
Beilagen mit Pfiff 47
Etwas Süßes braucht der Mensch 50
Special: **Gewürzmischungen selbst gemacht** **52**

▶ **Der ideale Ayurveda-Alltag**

Gesund und schlank durch Biorhythmen **56**
So sieht der ideale Ayurveda-Tag aus 56

▶ **Fasten und heilen mit Ayurveda**

Die kleine Ayurveda-Fastenkur **70**
Der Ablauf der Fastenkur 70
Atemübungen während und nach dem Fasten 72
Die ayurvedische Hausapotheke **75**
Ayurvedische Heilmittel
bei Beschwerden 75
Register 79

Abnehmen und gesund werden

Wenn Sie sich an die ayurvedischen Ernährungsregeln halten, werden Sie Gewicht verlieren und dauerhaft schlank und gesund bleiben.

Manche Diäten versprechen fünf Kilogramm weniger in vier Wochen, andere drei Kilogramm in sechs Wochen – es gibt viele Varianten. Natürlich haben all diese Diäten ihre Berechtigung, entsprechen sie doch dem Bedürfnis vieler, weniger auf die Waage zu bringen. Auch der Ayurveda – die altindische Kunst der Medizin, die im Lauf der Jahrtausende zunehmend an Erfahrung gewonnen hat – kann Ihnen dabei helfen. Ein Leben nach den ayurvedischen Prinzipien wird Ihnen weit mehr bringen, als nur zu Ihrem Idealgewicht zu finden. Sie werden rundum ein gesunder, lebensfroher und aktiver Mensch. Angesichts der Tatsache, dass die meisten Diäten Sie zwar kurzfristig (allerdings oft nicht sehr lang) um ein paar Pfunde erleichtern, Ihnen aber ansonsten nichts bringen, ist das doch eine ganze Menge.

Finden Sie sich selbst!

Um nach den Prinzipien des Ayurveda leben zu können – und nebenbei auch an Gewicht zu verlieren –, müssen Sie zunächst verstehen, wer Sie sind, ayurdedisch gesprochen, welcher Dosha-Typ Sie sind. Dann ist alles ganz einfach. Sie brauchen sich nur an die Lebens- und Essensregeln Ihres Typs zu halten und das Abnehmen geht ganz von selbst.

Sich leicht wie eine Feder fühlen, Lebensenergie scheinbar ohne Ende: Ein Leben nach ayurvedischen Regeln verspricht nicht weniger als das.

Sie werden im Folgenden uns hierzulande fremde Begriffe und Vorstellungen kennen lernen. Doch lassen Sie sich davon nicht abschrecken. Ich bemühe mich, Ihnen diese nahe zu bringen. Das wird zwar gewiss nicht immer gelingen, doch der Erfolg – so Sie die Regeln anwenden – wird Sie mit Sicherheit überzeugen.

Bernd Neumann, Dr. med. Sabine Kindler-Doleschel

Was ist eigentlich **Ayurveda?**

▶ *Den Menschen als Ganzes betrachten*

Der Begriff »ganzheitlich« ist im Ayurveda Programm – seit Tausenden von Jahren. Ayurveda hilft Ihnen, die Harmonie von Körper, Geist und Seele wiederherzustellen. Und dazu müssen zuerst die drei Doshas Vata, Pitta und Kapha, die Lebensenergien, die in jedem Menschen und in der ganzen Natur herrschen, ausgeglichen werden.

Den **Menschen** als **Ganzes** betrachten

Es heißt tatsächlich »der« Ayurveda und nicht »die« oder »das« Ayurveda, wie man oft liest.

Bei Ayurveda fällt Ihnen vermutlich zuerst der Stirnguss mit Öl ein. Er gehört dazu, ist aber nur ein kleiner Teil der umfassenden Lehre des Ayurveda. Wörtlich übersetzt bedeutet Ayurveda »Wissen vom Leben«. Seine Anfänge reichen bis in die heiligen indischen Schriften (Veden) zurück, die vor etwa 5000 Jahren entstanden. Ayurveda ist eine Lehre, die den Menschen als Ganzes im Blick hat und sowohl Körper und Geist als auch Vorbeugung und Therapie berücksichtigt. Heute wird Ayurveda in Indien an Universitäten gelehrt, wobei westliche Medizin und Ayurveda einander in friedlicher Eintracht ergänzen.

Wie auch in der westlichen Medizin gibt es im ayurvedischen Gesundheitssystem verschiedene Bereiche: Innere Medizin, Chirurgie, Frauenheilkunde, Hals-Nasen-Ohren-Heilkunde, Kinder- und Augenheilkunde sowie die Toxikologie, die Lehre von den Giften und ihren Wirkungen. Doch das ayurvedische Medizinstudium geht weit darüber hinaus, umfasst es doch auch die Psychologie und Psychiatrie, Farbtherapie, Kräuterheilkunde sowie die Ernährungslehre.

Gleichgewicht als Ziel jeder Behandlung

Die westliche Medizin kennt den Begriff der Homöostase. Dies meint nichts anderes, als dass alle Vorgänge im Körper harmonisch ablaufen und sich immer wieder auf ein individuelles inneres Gleichgewicht einpendeln. Gerät die Homöostase durcheinander, so werden wir krank. Auch wenn in der indischen Medizin natürlich andere Begriffe verwendet werden, so ist doch auch hier das Erhalten bzw. Wiederherstellen dieses Gleichgewichts das Ziel jeglicher Behandlung.

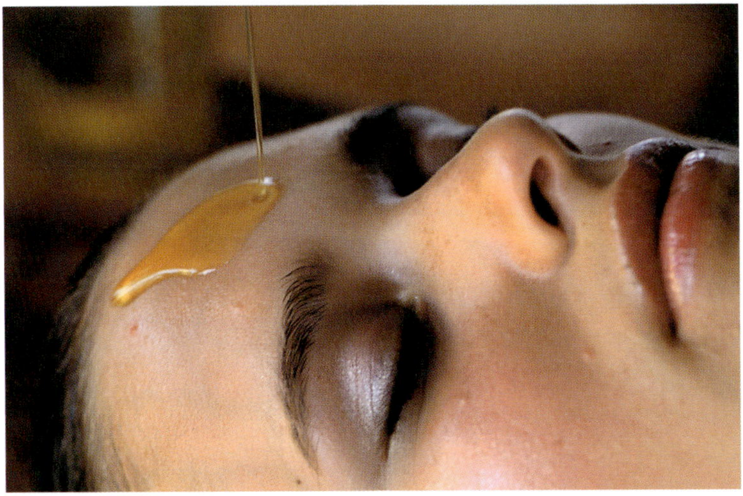

Der Stirnguss – Shirodhara – ist eine Behandlung, die besonders dem westlichen Menschen große Erleichterung und Entspannung bringt. Er hilft, all die Stressfolgen wettzumachen, die unser hektischer Alltag anrichtet.

Doch in einem zentralen Punkt unterscheidet sich Ayurveda von der westlichen Medizin: dem ganzheitlichen Aspekt. Im Ayurveda haben Faktoren wie Tages- und Jahreszeit, familiäres Umfeld und Arbeitsbedingungen, soziale Kontakte und Ernährung einen hohen Stellenwert.

Die Methoden des Ayurveda wurden zwar im Verlauf der vergangenen 3000 Jahre immer weiter entwickelt, entsprechen von ihren Grundprinzpien her aber immer noch den uralten Erkenntnissen.

Die Natur als Lehrmeister

Wie alle alten medizinisch-philosphischen Heilsysteme gründet der Ayurveda auf die Erkenntnis der Elemente Äther (Raum), Feuer, Luft, Wasser und Erde. Nach ayurvedischer Anschauung spiegeln sich diese Elemente in unserem Körper wider: die Erde etwa in allen festen Strukturen wie Knochen, Zähnen und Nägeln und das Element Wasser im Blut und den Körperflüssigkeiten.

Wir sollten uns klar machen, dass diese simple Erklärung in Indien zu Einsichten geführt hat, die körperliche Vorgänge immerhin so gut beschreiben konnten, dass daraus äußerst effektive Behandlungen entwickelt wurden – und deren Wirkungen auch heute noch wissenschaftlichen Prüfungen standhalten.

Unsere Lebensenergien – die drei Doshas

Wenn wir über die drei Doshas Vata, Pitta und Kapha reden, reden wir wieder über das Prinzip der Homöostase, das Gleichgewicht in unserem Körper. Nach ayurvedischer Anschauung bilden jeweils zwei der oben genannten Elemente ein so genanntes Dosha: Äther (Raum) und Luft das Vata-Dosha, Feuer und Wasser das Pitta-Dosha und Wasser und Erde das Kapha-Dosha. Die drei Doshas sind die Lebensenergien, die in ihrem Wechselspiel das individuelle Gleichgewicht für den Körper und für den Geist steuern. Vata, Pitta und Kapha sind im Menschen in allen Organen und Zellen am Wirken. Dabei sind sie zum einen individuell unterschiedlich verteilt und zum anderen je nach Jahres- oder Tageszeit und sonstigen äußeren Einflüssen in einem ständigen Wechsel – mal dominierend, mal weniger wichtig.

Vata entspricht der Bewegung und der Kraft des Windes, Pitta repräsentiert das Feuer und die Energie, Kapha steht für die Kraft des Wassers.

Der Charakter der Doshas: Bewegung, Hitze, Trägheit

Wir können uns die drei Lebensenergien Vata, Pitta und Kapha vielleicht am einfachsten an extremen Charakteren vorstellen:

Der reine Vata-Typ – glücklicherweise sind wir fast alle Mischtypen – läuft geistig permanent auf Hochtouren und redet seine Mitmenschen dabei in Grund und Boden. Problem bei der Sache: Das was er sagt, ist – außer für ihn selbst – oft eher unverständlich.

Der reine Pitta-Typ ist geistig ebenfalls ständig aktiv. Dabei denkt er sehr klar und analytisch. Wenn er jemanden überzeugen will, schafft er es auch meist aufgrund hieb- und stichfester Argumente.

Der reine Kapha-Typ braucht lange, um Probleme zu verstehen, und noch länger, um sie zu lösen. Falls es irgendwie möglich ist, verzichtet er ganz darauf und lässt andere die (geistige) Arbeit erledigen.

Diese Prinzipien – nur unzureichend als »Bewegung«, »Hitze« und »Trägheit« beschrieben – helfen dem ayurvedischen Arzt, Krankeiten zu erkennen und geeignete Heilmittel zu finden. Sie werden sie auch in diesem Buch immer wieder entdecken.

Welcher Dosha-Typ sind Sie?

Geboren werden wir nach ayurvedischer Anschauung alle in einem Zustand, in dem diese drei Lebensenergien ausgeglichen sind – im so genannten Prakruthi-Zustand. Das bedeutet nicht etwa, dass wir alle am Anfang gleich wären, ganz im Gegenteil: Jeder von uns wird mit einer individuellen Verteilung der drei Doshas geboren. Ein oder zwei dieser Lebensenergien – auf psychischer Ebene könnte man sie auch »Temperamente« nennen – überwiegen dabei in der Regel. Doch zum Zeitpunkt der Geburt sind sie noch miteinander im Gleichgewicht. Erst die Umweltbedingungen können dieses Gleichgewicht nach und nach oder auch plötzlich zerstören, so dass ein Mangel an Energie oder auch Krankheit die Folge ist.

Die Konstitution eines Menschen wird von den Doshas bestimmt – physisch und psychisch. Welches der Doshas bei Ihnen vorherrscht, können Sie anhand der Tabelle auf Seite 12 f. herausfinden.

So stellen Sie Ihren Dosha-Typ fest

Da alles Weitere in diesem Buch zum Ziel hat, Ihre individuelle Mischung der Doshas fürs Abnehmen in Harmonie zu bringen, müssen Sie diese Mischung natürlich erst einmal kennen. Lesen Sie dazu bitte die folgende Tabelle auf Seite 12 f. sehr genau durch. Sie können sich dann demjenigen Typ – Vata, Pitta oder Kapha – zuordnen, bei dem Sie die meisten Übereinstimmungen mit Ihrer eigenen Person finden. Aller Wahrscheinlichkeit nach zählen aber auch Sie zu den Mischtypen, so dass Sie sich vermutlich bei zwei Dosha-Beschreibungen wiederfinden werden. Können Sie sich recht deutlich einem Dosha-Typ zuordnen, sollten Sie im Folgenden die Tipps für diesen Typ beherzigen. Sind Sie ein Mischtyp, dann befolgen Sie die Ratschläge für Ihre beiden gefundenen Doshas.

Ich werde Ihnen grundlegende Ernährungsregeln für jedes Dosha vorstellen, ebenso bestimmte Lebensmittel und Kräuter sowie ausgesuchte Rezepte. Darüber hinaus gibt es wertvolle Tipps zu den im Ayurveda sehr wichtigen Reinigungsregeln (Stichwort »Fastenkur«), zu (Selbst-) Massagen, Bädern und vielem mehr.

Die drei Doshas und ihre Eigenschaften

	Vata	Pitta	Kapha
Körperbau	schlank, leicht, zierlich	mittelschwer, athletisch	schwer, rundlich, untersetzt
Haare	fein, trocken, dünn	glatt, fein, Neigung zu frühzeitigem Haarausfall und Grauwerden	dick, ölig, oft gewellt
Haut	rau, trocken, kühl, dunkel, oft hervortretende Adern	Sommersprossen, Leberflecken, Pickel und glänzende Haut; neigt zu Sonnenbrand und früher Faltenbildung	glänzend bis ölig, kühl, bräunt schnell und problemlos
Appetit	mal so, mal so, je nach den Umständen	oft stark, muss regelmäßig essen	übermäßiger Hunger und Durst
Gewicht	nimmt leicht ab und nur schwer zu	nimmt schnell zu, aber auch ab	nimmt schnell zu und langsam ab
Verdauung	unregelmäßig, empfindlich, neigt zu harten, trockenen Stühlen und Blähungen	weich, regelmäßig, große Mengen, neigt zu Durchfall	träge, regelmäßig, mäßiges Volumen
Schlaf	leicht, oft Durchschlafstörungen, braucht nur wenig Schlaf	Einschlafen oft schwierig, Durchschlafen kein Problem	tief und möglichst lang
Sinne	reagiert stark auf Berührungen und Geräusche; gutes Gehör	sehr gutes Sehvermögen, ist ein guter Beobachter	Geruchs- und Geschmacksinn gut entwickelt
Körperbewegung	schnell, leicht, locker	dynamisch, exakt, bestimmt	langsam, sicher, gleichmäßig, behäbig

Die drei Doshas und ihre Eigenschaften

	Vata	Pitta	Kapha
Klima-, Wettervorlieben	kann Kälte nicht gut vertragen; mag warmes, feuchtes Wetter	kann Hitze nicht vertragen; liebt Kühle und Wind	kann Feuchtigkeit und Kälte nicht vertragen; mag es sonnig und trocken
Gedächtnis	lernt schnell, aber hat ein schlechtes Langzeitgedächtnis	gutes Erinnerungsvermögen	lernt langsam, hat aber ein gutes Langzeitgedächtnis
Ausdauer Reaktion auf Stress	wenig,rasch erschöpft nervös, ängstlich	wenig, ungeduldig schnell verärgert und frustriert	sehr gut kaum aus der Ruhe zu bringen
Geistige Aktivität	sehr ideenreich, aber unstet	plant weitsichtig; scharfer Intellekt	gründlich, langsam bis träge, beständig
Entschlusskraft	legt sich ungern fest	trifft Entscheidungen schnell und impulsiv	geht ungern Risiken ein und überlegt lang
Arbeit	hasst Routinearbeiten; will gern selbst Aufgaben verteilen	kann gut planen; Managerfähigkeiten	braucht die Routine bei seiner Tätigkeit
Sport	ist gern aktiv, aber nur nach Lust und Laune	mag den Wettstreit; oft Extremsportler	sportlich aktiv nur aus Vernunftgründen
Gesundheitliche Problemfelder	nervöse Beschwerden, Schmerzen (z. B. Migräne), Schlaf- und Verdauungsstörungen, Gallen- oder Nierensteine, psychische Probleme, Knochenkrankheiten (z. B. Arthritis)	Magen- und Zwölffingerdarmentzündungen und -geschwüre, Hautkrankheiten (z. B. Ekzeme), entzündliche und fiebrige Erkrankungen, Probleme mit den Augen	Zuckerkrankheit, Herzkrankheiten, Bluthochdruck, chronische Entzündungen (z. B. der Nasennebenhöhlen), Depressionen, Übergewicht

Richtig ernähren nach Ayurveda

- *Die subtilen Kräfte der Lebensmittel*
- *Ausgleich für Vata, Pitta und Kapha*
- *Special: Die wichtigsten ayurvedischen Heilkräuter und Gewürze*

Wir essen, um zu leben, nicht umgekehrt. Im Ayurveda ist dies eine Selbstverständlichkeit. Denn Ayurveda beschäftigt sich mit der Qualität der Lebensmittel und deren typbezogenen Eigenschaften. Die Zuordnung der Nahrungsmittel zu den Doshas macht Kochen und Würzen zu einer Art Baukastensystem – ganz einfach nachzumachen.

Die subtilen **Kräfte** der **Lebensmittel**

Wir sind es gewohnt, Lebensmittel nach ihrem Gehalt an Nähr- und Vitalstoffen (Kohlenhydrate, Eiweiß, Fette, Vitamine, Mineralstoffe, Spurenelemente) zu betrachten und zu bewerten. Im Ayurveda hingegen werden den Lebensmitteln spezifische Qualitäten zugeschrieben, die direkten Einfluss auf unseren seelischen, geistigen und körperlichen Zustand haben.

Dass Sie einige Nahrungsmittel nicht mögen oder nicht vertragen, liegt vermutlich daran, dass diese nicht zu Ihrer Dosha-Konstitution passen.

Ziel der ayurvedischen Ernährung ist es, diese Qualitäten – also die entsprechenden Lebensmittel – so zu wählen, dass sie für den Einzelnen und seine Grundkonstitution sowie seinen derzeitigen Zustand optimal sind. Daraus ergibt sich natürlich eine sehr individuelle Ernährungsweise, die wirklich nur hochwertige Lebensmittel enthalten sollte, da diese leichter in Lebensenergie, das so genannte Prana, umgewandelt werden können.

Über Geschmack soll man nicht streiten

Im Ayurveda werden sechs Geschmacksrichtungen, die Rasas, unterschieden: süß, salzig, sauer, scharf, bitter und herb (zusammenziehend). Diese werden wiederum mit den Elementen Erde, Feuer, Wasser, Luft und Äther in Beziehung gesetzt, die ihrerseits den drei Doshas zugeordnet sind.

- Kapha – Erde und Wasser – süß, salzig und sauer
- Pitta – Feuer und Wasser – süß, bitter und zusammenziehend
- Vata – Äther und Luft – bitter, zusammenziehend und scharf

Prinzipiell gilt es, die Ernährung so auszurichten, dass sie eine individuell passende Mischung dieser Geschmacksrichtungen enthält. Denn ein Übermaß von Lebensmitteln einer Geschmacksrichtung führt zu einem Übermaß des damit verbundenen Doshas, einem Ungleichgewicht der Lebensenergien und im Endeffekt auch zu Krankheit.

Ausgleich schaffen durch Nahrungsauswahl

Es liegt nahe, ein Zuviel bzw. ein Zuwenig des einen oder anderen Doshas durch das Reduzieren bestimmter Speisen bzw. den vermehrten Genuss anderer Nahrungsmittel zu kompensieren – und genau das wird in der ayurvedischen Ernährung auch praktiziert.

Um ein übermäßiges Vata auszugleichen, sollte man deshalb vermehrt Süßes, Saures und Salziges zu sich nehmen, ein Zuviel an Pitta lässt sich mit Salzigem, Saurem und Scharfem harmonisieren und ein zu starkes Kapha durch Scharfes, Bitteres und Zusammenziehendes.

Wenn Ihr Agni, Ihr »Verdauungsfeuer«, durch die richtige, Dosha-spezifische Ernährung wieder gut brennt, werden überflüssige Pfunde fast wie von selbst verschwinden.

Agni, der Motor des Stoffwechsels

Die effektive Umwandlung von Nahrung in Energie und Körpergewebe sowie das Ausscheiden von Stoffwechselprodukten ist für ein gesundes Leben von entscheidender Bedeutung. Laut Ayurveda ist für diese zentralen Prozesse Agni verantwortlich, das »Verdauungsfeuer«. Funktioniert Agni nicht richtig, häufen sich im Körper Stoffwechselschlacken (Ama) an, die den Energiefluss beeinträchtigen und so zu Gesundheitsstörungen führen. Agni wird geschwächt durch zu häufige und zu üppige Mahlzeiten, zu schweres und eiweißreiches Essen am Abend, psychischen Stress und unausgeglichene Lebensweise, aber auch durch chronische Erkrankungen und äußere Faktoren wie etwa einen Umzug in ein anderes Klima.

Eine Störung des Agni zeigt sich durch Verdauungsschwäche, belegte Zunge, Mundgeruch, unspezifische Schmerzen, unerklärliche Müdigkeit, Antriebslosigkeit sowie Appetitlosigkeit. Um Agni wieder ins Lot zu bringen bzw. anzufachen, ist die ayurvedische Ernährung wichtig und weitere Lebensregeln, die Sie noch kennen lernen werden.

Ayurvedische Ernährungsregeln

Wer zu viel Gewicht mit sich herumschleppt, isst meist nicht nur zu viel, sondern nimmt auch vermutlich zu wenig Flüssigkeit auf.

Im Ayurveda gibt es keine Dogmen, die besagen, »das musst du so und nicht anders machen«. Es gibt jedoch einige wichtige Regeln, die es erleichtern, das für sich selbst Entscheidende herauszufinden. Denn das Wichtigste ist, dass Sie sich rundum wohl und gesund fühlen. Der Weg dorthin ist individuell – die persönliche Dosha-Zuordnung ist dabei eine unschätzbare Hilfe.

Zwei Grundregeln

Drei-Drittel-Regel: Fülle deinen Magen bei den Mahlzeiten nur zu zwei Dritteln. Ein Drittel soll dabei feste Nahrung sein, ein weiteres Drittel Flüssiges. Das dritte Drittel soll frei bleiben, damit sich Festes und Flüssiges gut mischen können.

Essenzeiten: Ebenso wie nach Möglichkeit der gesamte Tagesablauf gleichmäßig sein sollte, sollte man stets zu den gleichen Zeiten seine Mahlzeiten einnehmen. Doch hierbei gibt es wichtige Unterschiede, die mit dem tageszeitlichen Auf und Ab der verschiedenen Doshas zusammenhängen: So ist Pitta, die Energie des Feuers und der Verdauung, in der Zeit zwischen 10 und 14 Uhr am aktivsten. Besonders Vata- und Kapha-Typen, die von Natur aus eher zu einer schwächeren Verdauung neigen, sollten ihre Hauptmahlzeit deshalb stets am Mittag zu sich nehmen. Menschen mit einem überwiegenden Pitta-Dosha können hingegen fast zu jeder Tages- (und Nacht-) Zeit essen. Bei Problemen sollten aber auch sie einen anderen Ablauf ausprobieren.

Auf Sri Lanka sind Obst und Gemüse stets frisch und voll gepackt mit Vitalstoffen zu haben – die Auswahl auf Marktständen ist schier unfassbar. Kann man da nein sagen?

Hunger oder nur Appetit?

Wer unter Übergewicht leidet, macht in der Regel mindestens einen der folgenden Fehler:

- Er isst zu viel (im Sinne der obigen Drei-Drittel-Regel).
- Er isst, wenn er Appetit bekommt statt auf ein echtes Hungergefühl zu warten.

Kurkuma (Gelbwurz) ist eine im Ayurveda sehr geschätztes Gewürz und Heilmittel. Kurkuma hält überschüssiges Kapha-Dosha im Zaum.

▶ Er nimmt seine Mahlzeiten in Hektik ein oder widmet seine Aufmerksamkeit während des Essens anderen Dingen wie Lesen, Fernsehen oder angeregten Unterhaltungen.

▶ Er schluckt, bevor er die Bissen gründlich (mindestens 20-mal) gekaut hat.

▶ Er trinkt kalte Getränke zum Essen oder genehmigt sich als Nachspeise ein Eis. Beides schwächt das Verdauungsfeuer Agni.

So vermeiden Sie Übergewicht

Entsprechend einfach sind die Empfehlungen des Ayurveda, um eine ungesunde Verdauung und ein »Zuviel« zu vermeiden:

▶ Essen Sie stets nach der Drei-Drittel-Regel.

▶ Warten Sie, bis Sie Hunger haben. Essen Sie nicht aus Langeweile oder weil Sie gerade an einem Imbissstand vorbeikommen.

▶ Konzentrieren Sie sich beim Essen stets mehr oder weniger vollständig auf das Essen selbst, seine Beschaffenheit, seinen Geschmack. Das heißt auch, dass Sie niemals in Eile essen sollten: Nehmen Sie sich Zeit oder warten Sie mit dem Essen, bis Sie Muße dafür haben.

▶ Kauen Sie stets gründlich. Sie werden feststellen, dass Sie so den Lebensmitteln nebenbei völlig neue Qualitäten abgewinnen können und dass Sie gute und schlechte Nahrung voneinander unterscheiden lernen.

▶ Trinken Sie zum Essen möglichst warme oder heiße Getränke. Wenn Ihnen dies widerstrebt oder Sie unbedingt noch ein Eis essen wollen, sollten Sie zumindest zum Abschluss noch einen heißen Tee trinken.

Wenn Sie mit Ayurveda abnehmen wollen, können Sie Kalorienzählen vergessen. Der bewusstere Umgang mit den Nahrungsmitteln wird dazu führen, dass Sie automatisch auf sehr Fettes, Süßes und Kalorienreiches verzichten.

Achten Sie auf Ihren jeweiligen Zustand

Neben den erwähnten Grundregeln hängt die Wahl der richtigen Ernährung jedoch auch von Ihrem persönlichen Zustand ab. Sie werden vermutlich selbst schon die Erfahrung gemacht haben, dass schon ein nur mäßig üppiges Abendessen nach einem anstrengenden Arbeitstag zu Völlegefühl und Blähungen führt, wobei ein vergleichbares Essen in einer entspannten Urlaubsatmosphäre völlig problemlos vertragen wird. Ähnliches gilt für die Tasse Kaffee, die Sie in einer ohnehin angespannten Situation trinken: Sie zieht dann nur allzu leicht Sodbrennen nach sich, während sie – in ruhiger Stimmung konsumiert – nur zu einer Anregung des Geistes führt. Im Ayurveda wird dies durch das Übergewicht bzw. die Schwächung eines Doshas erklärt, hervorgerufen durch äußere Umstände und unsere Reaktionen darauf.

Hören Sie einfach mehr auf die Signale Ihres Körpers und lernen Sie diese zu interpretieren. Wenn Sie etwas falsch gemacht haben, werden Sie es spüren. Fahnden Sie dann nach Ihrem Fehler und versuchen Sie ihn zukünftig zu vermeiden. Diese Selbsterfahrung kann kein Ayurveda-Arzt ersetzen. Doch die zuvor genannten einfachen Regeln sowie die folgenden Ernährungsratschläge für die verschiedenen Dosha-Typen, die kleine Kräuter- und Gewürzkunde und weitere Ayurveda-Tipps werden Ihnen diese Selbstfindung gewiss erleichtern.

Ausgleich für **Vata**, **Pitta** und **Kapha**

Die ayurvedische Küche mit ihrer unglaublichen Vielfalt an Gewürzen und Kräutern bietet für alle sechs Geschmacksrichtungen etwas.

Durch die Wahl bestimmter Lebensmittel können Sie zu einem Ausgleich Ihrer Doshas beitragen. In den folgenden Abschnitten erfahren Sie, was die einzelnen Geschmacksrichtungen bewirken, welche Lebensmittel welcher Geschmacksrichtung zugeordnet sind und welche davon für welchen Dosha-Typ bzw. häufige Kombinationstypen die richtigen sind.

Süßes baut auf und schafft Zufriedenheit

Wenn Sie Getreideprodukte (Brot, Nudeln), Kartoffeln, Reis oder Mais lang genug kauen, schmecken sie zunehmend süß. Kein Wunder, denn unsere Hauptenergielieferanten bestehen vor allem aus Kohlenhydraten, die ein Speichelenzym bereits im Mund in Zucker spaltet. Auch reiner Zucker oder etwa Schokoriegel mit Glukosesirup schmecken natürlich süß. Grundsätzlich gilt, dass Süßes unser Kapha stärkt und Vata sowie Pitta reduziert. Für Menschen mit einem Kapha-Überschuss sind süße Lebensmittel daher weniger gut. Eine Ausnahme bildet Honig: Er ist zwar süß, verstärkt aber das Vata-Dosha und hilft daher sogar beim Abnehmen.

Salz, salziger, am salzigsten

Salz steckt in vielen Lebensmitteln: Seefischen, Brühen, Gewürzmischungen, Konserven, Fertiggerichten. Salz ist ein Geschmacksverstärker, den wir dem Essen beigeben, damit dessen Eigengeschmack besser hervorkommt. Salz ist lebensnotwendig, doch zu viel Salz ist schädlich. In der westlichen Medizin weiß man, dass (zu viel) Salz bei etwa 30 Prozent der Patienten zu einer Erhöhung des Blutdrucks führt. Im Ayurveda wird gelehrt, dass Salziges Pitta und Kapha verstärkt und Vata reduziert. Je nach Konstitution sollte man also den Salzkonsum in Grenzen halten oder aber ganz nach Geschmack vorgehen. Wichtig dabei ist aber in allen Fällen, dass Sie Meer- oder Steinsalz verwenden, kein reines Kochsalz (NaCl), da Letzteres keine weiteren Mineralien mehr enthält. Da Deutschland zu den Jodmangelgebieten zählt, sollten Sie auch auf einen ausreichend hohen Anteil an Jod im Salz achten.

Sauer macht lustig – und hungrig

Der saure Geschmack regt den Appetit an und stärkt die Verdauungskräfte. Zu viel Saures aber übersäuert den Körper und führt zur Schlackenbildung. Sauer stärkt Pitta und Kapha, reduziert aber Vata.

Scharfes schürt das Verdauungsfeuer

Der scharfe Geschmack regt die Verdauung und den Stoffwechsel an, verstärkt Pitta und Vata, reduziert jedoch Kapha. Scharfes wirkt deshalb entgiftend, reinigend und unterstützt das Abnehmen.

Bitteres reinigt den Körper

Bitterstoffe, wie sie in vielen Salat- und Gemüsesorten sowie Heilkräutern enthalten sind, regen Gallenblase und Leber an. Bitteres fördert somit die Verdauung und hilft beim Entschlacken. Zudem verringert Bitteres den Speichelfluss und damit auch den Appetit – ein erwünschter Effekt, der das Abnehmen erleichtert.

Zusammenziehendes entwässert den Körper

Meist sind es Gerbstoffe, die den herben und zusammenziehenden Geschmack bewirken. Dieser reduziert Pitta und Kapha, verstärkt aber Vata. Auch der zusammenziehende Geschmack steckt in vielen Heil-

Tipp

Wenn Sie unter Bluthochdruck leiden, lohnt sich ein Versuch mit einer salzreduzierten Kost auch dann, wenn Sie kein ausgesprochener Pitta- oder Kapha-Typ sind. Denn etwa jeder Dritte ist salzsensibel, so dass ein weitgehender Verzicht auf Salz den Blutdruck senken kann.

Ghee ist mehr als nur gereinigte Butter. Es ist Bratfett und Arznei in einem und besonders für Vata- und Pitta-Typen geeignet. Es hält sich nahezu unbegrenzt.

kräutern, jedoch auch in Hülsenfrüchten, Kohlsorten, Äpfeln und verschiedenen Beeren. Zusammenziehendes wirkt Wassereinlagerungen entgegen.

Lebensmittel für den Vata-Typ

▶ **Gemüse:** Artischocken, Erbsen, Gurken, Kürbisse, Porree, Möhren, Oliven, Pastinaken, Rote Bete, Spargel, Süßkartoffeln, Tomaten, Zucchini, Zwiebeln

▶ **Getreide(produkte):** Amaranth, Dinkel (gut eingeweicht und gekocht), Gerste, Hafer, Sauerteigbrot (oder Hefeteigbrot), Weizen

▶ **Getränke:** Buttermilch, Fencheltee, Saft von Ananas, Beeren, Mangos, Möhren, Orangen und Ztronen, Pfefferminztee, warmes Wasser

▶ **Gewürze/Heilkräuter:** Anis, Asafoetida (siehe dazu Seite 28), Basilikum, Bockshornklee, Dill, Fenchel, Ingwer, Kardamom, Knoblauch, Kreuzkümmel, Kümmel, Kurkuma, Lorbeer, Majoran, Muskat, Nelken, Oregano, Paprika, Pfefferminze, Piment, Senfkörner

▶ **Hülsenfrüchte:** Adzukibohnen, Mungbohnen, rote Linsen, Sojabohnen (lange eingeweicht, gut gekocht)

▶ **Tierische Produkte:** Eier, Ente, Fisch (Süß- und Salzwasser), Hartkäse, Huhn, Joghurt, Kefir, Milch, Pute, Rehfleisch, Sahne

▶ **Nüsse und Samen:** alle Sorten

▶ **Obst:** Ananas, Äpfel (süß-säuerliche Sorten), Aprikosen, Avocados, Bananen, Datteln, Erdbeeren, Feigen, Himbeeren, Kiwis, Kokosnüsse, Limonen, Mandarinen, Mangos, Melonen, Orangen, Papayas, Pfirsiche, Pflaumen, Rhabarber, Weintrauben

▶ **Süßungsmittel:** Fruchtdicksaft, Palmzucker, Melasse (nicht mehr als 30 Gramm am Tag)

▶ **Öle/Fette:** Butter, Ghee (»gereinigte Butter«), Kokoscreme, Mais- und Mandelöl, Sesamöl

Lebensmittel für den Pitta-Typ

Koriandersamen sind ein wertvolles Gewürz- und Arzneimittel für Pitta-Typen.

▶ **Gemüse:** Alfalfasprossen, Artischocken, Blattgemüse, Bohnen, Brokkoli, Erbsen, Gurken, Kartoffeln, Kohlsorten, Kohlrabi, Kürbis, Mais, Möhren, Paprika, Pastinaken, Rote Bete, Salate, Sellerie, Spargel, Süßkartoffeln, Tomaten

▶ **Getreide(produkte):** Dinkel, Gerste, Hafer, Hirse, Reis, Weizen

▶ **Getränke:** Buttermilch, Saft von Apfel, Kirsche, Mango und Pflaume, Tee von Fenchel, Hibiskus, Jasmin und Zitronengras (nicht heiß!)

▶ **Gewürze/Heilkräuter:** Basilikum, Curryblätter, Dill, Fenchel, Kardamom, Koriander, Kreuzkümmel, Kümmel, Kurkuma, Pfefferminze, Rosenwasser, Rosmarin, Safran, schwarzer Pfeffer, Zimt

▶ **Hülsenfrüchte:** Bohnen, Kichererbsen, Linsen

▶ **Tierische Produkte:** Eiweiß, Frischkäse, Geflügel, Käse (mit wenig Fett), Kaninchen, Kuh- und Ziegenmilch

▶ **Nüsse und Samen:** Kürbiskerne, Sesamsamen, Sonnenblumenkerne

▶ **Obst:** Ananas, Äpfel, Aprikosen, Avocados, Beeren, Birnen, Datteln, Feigen, Granatäpfel, Kirschen, Kokosnüsse, Orangen, Pflaumen, Trauben, Trockenfrüchte (bei allem, wenn möglich, die süße Variante)

▶ **Süßungsmittel:** Ahorn-, Reissirup, Fruchtdicksaft, -zucker, Honig

▶ **Öle/Fette:** Butter (ungesalzen), Ghee, Kokos-, Sonnenblumen-, Soja- und Walnussöl

Lebensmittel für den Kapha-Typ

▶ **Gemüse:** Artischocken, Auberginen, Bärlauch, Bambussprossen, Blattgemüse, Blattsalate, Chilischoten, grüne Bohnen, Gurken, Kohl, Kohlrabi, Möhren, Pastinaken, Rettich, Rote Bete, rote Paprika, Sellerie, Spargel, Sprossen, Zucchini, Zwiebeln

Bohnen, Linsen, Erbsen: Hülsenfrüchte spielen eine wichtige Rolle in der ayurvedischen Küche.

▶ **Getreide(produkte):** Amaranth, Buchweizen, Dinkel, Gerste, Hafer, Hirse, Reis

▶ **Getränke:** Milch (fettarm, mit Pfeffer, Ingwer oder Kardamom), Kräutertees, Wasser mit Ingwer (alle Getränke möglichst heiß)

▶ **Gewürze/Heilkräuter:** Ajwain (siehe Seite 28), Anis, Bockshornklee, Cayennepfeffer, Curryblätter, Estragon, Ingwer, Knoblauch, Kreuzkümmel, Kümmel, Kurkuma, Majoran, Muskat, Nelken, Oregano, Paprika, Petersilie, Pfeffer, Piment, Senfkörner, Sternanis, Thymian, Wacholderbeeren

▶ **Hülsenfrüchte:** Adzuki-, Kidney-, Lima-, Mung- und schwarze Bohnen, Erbsen, Linsen (gelbe und rote)

▶ **Tierische Produkte:** Fisch (Süß-/Salzwasser), mageres rotes Fleisch

▶ **Nüsse und Samen:** Kürbis-, Pinien- und Sonnenblumenkerne

▶ **Obst:** Äpfel (herbe Sorten), blaue Trauben, Granatäpfel, Grapefruits, Johannisbeeren, Papayas, Persimonen, Pfirsiche, Quitten

- **Süßungsmittel:** Palmzucker, Honig
- **Öle/Fette:** Oliven-, Senf- und Sonnenblumenöl (nicht zu viel)

Besonderheiten für Mischtypen

Mischtypen (Vata-Pitta, Vata-Kapha, Pitta-Kapha) können sich an den genannten Lebensmitteln für die jeweiligen Doshas orientieren. Doch es gibt ein paar wichtige Besonderheiten, auf die sie achten sollten.

Vata-Pitta: Süßes bevorzugen

Süßes hält das komibinierte Vata-Pitta-Dosha im Gleichgewicht, Bitteres führt zu einem Ungleichgewicht. Vata-Pitta-Typen sollten deshalb zu süßen Lebensmitteln greifen, vorzugsweise zu gut ausgereiftem Obst. In Frühjahr und Herbst sollten sich Vata-Pitta-Typen mehr nach den Regeln für Vata richten, im Sommer mehr nach jenen für Pitta.

Vata-Kapha: Möglichst warme Mahlzeiten einnehmen

Sowohl Vata- als auch Kapha-Typen benötigen viel Wärme, so dass man als Mischtyp warme Mahlzeiten bevorzugen sollte. Um das Verdauungsfeuer Agni ausreichend anzufeuern, kann sich der Vata-Kapha-Typ zusätzlich eines Tricks bedienen: immer mal wieder zwischendurch einen Schluck heißes Wasser trinken.

Pitta-Kapha: Es darf ruhig bitter schmecken

Damit Pitta und Kapha nicht zu stark werden, braucht der Pitta-Kapha-Typ mehr bittere und zusammenziehende Lebensmittel: Hülsenfrüchte, Salate und Gemüse. Orientieren Sie sich im Sommer stärker an der Pitta-Ernährung, im Winter mehr an der für Kapha.

Wichtig: Mit sauren und salzigen Lebensmitteln sparsam umgehen, da sie den Körper übersäuern, zu Wassereinlagerungen und Übergewicht führen können.

Tipp

Überprüfen Sie anhand der Dosha-Zuordnungs-Tabelle (Seite 12 f.) gelegentlich Ihre Typ-Zugehörigkeit. Diese kann sich im Lauf des Lebens durchaus ändern, was natürlich durch eine geänderte typgemäße Ernährungs- und Lebensweise kompensiert werden sollte.

Special: Die wichtigsten **ayurvedischen Heilkräuter** und **Gewürze**

Eine gute Küche zeichnet sich durch den ausgewogenen Einsatz der verschiedensten Kräuter und Gewürze aus. Das Endergebnis soll eine Geschmackskomposition sein, die zu einem ganzheitlichen Sinneserlebnis führt. Auch im Ayurveda ist dieses Erleben der Küchenkomposition wichtig. Doch hier geht es – anders als zum Beispiel in der französischen, deutschen oder italienischen Küche – auch darum, entsprechend den Doshas zu würzen.

Wenn Sie sich ernsthaft der ayurvedischen Küche öffnen wollen, sollten Sie ein wenig mehr über Kräuter und Gewürze lernen, da sie sowohl zum Ausgleich der Doshas als auch als Heilmittel dienen können.

Kleine Auswahl ayurvedischer Gewürze und Kräuter

Ajwain (Ajowan): Dies ist ein in der indischen Küche häufig verwendetes Gewürz, das zwar aus dem Samen einer mit Kümmel und Kreuzkümmel verwandten Pflanze gewonnen wird, jedoch nach Thymian schmeckt. Ajwain wirkt Blähungen entgegen und wird deshalb häufig Kohlgerichten beigefügt, es ist aber auch gut für die Bronchien.
Ayurveda-Eigenschaften: reduziert Kapha

Anis: Dieses Heilkraut ist auch hierzulande gut bekannt, wird jedoch vornehmlich in Kräutertees und Gebäck verwendet. Anis regt die Verdauung an, mindert Blähungen und beruhigt den Darm.
Ayurveda-Eigenschaften: reduziert Vata

Asafoetida: Dieses Gewürz ist fast nur in Indien bekannt. Es wird aus dem milchigen Saft der Wurzeln verschiedener Riesenfenchelarten gewonnen und kommt zu Pulver verarbeitet in den Handel. Kurz in Öl gebraten, verschwindet sein eher unangenehmer Geruch. In Spuren beigegeben, verstärkt es nicht nur den Grundgeschmack der Speise, sondern regt auch den Darm an und vermindert Bähungen.
Ayurveda-Eigenschaften: reduziert Vata und Kapha, stärkt Pitta

Bockhornkleesamen (griechisches Heu; Ziegenhornklee): Sie erinnern in ihrem Geruch an Sellerie oder Liebstöckel und sind wegen ihres hohen Gehaltes an Eiweiß, Vitaminen und Mineralien eine wichtige Zutat bei vegetarischen Gerichten. Bockshornklee hilft gegen Stress und bei Schwäche, stärkt die Nerven und wirkt gegen Husten.
Ayurveda-Eigenschaften: reduzieren Vata und Kapha, stärken Pitta

Chilischoten: Das feurige Gewürz mit der geradezu sprichwörtlichen Schärfe ist auch bei uns sehr beliebt. Chili regt die Verdauung an und fördert bereits in relativ geringen Dosierungen die Durchblutung auch der Haut.
Ayurveda-Eigenschaften: reduzieren Kapha

Bockshornkleesamen helfen bei angegriffenen Nerven, bei der Rekonvaleszenz und sind nach Schwangerschaften hilfreich.

Curryblätter: Sie haben nichts zu tun mit dem, was wir hierzulande unter »Curry« verstehen. Das bei uns häufig verwendete gelbe Currypulver (zum Beispiel auf der Currywurst) ist eine Mischung verschiedener Gewürze, die während der Kolonialzeit in Indien von den Engländern als eine Standardgewürzmischung eingeführt wurde. Der Inder hingegen versteht unter »Curry« (Kari) ein bestimmtes Gericht mit einer Sauce aus frischen Kräutern. Curryblätter wiederum sind die Blätter eines in Indien und Sri Lanka wachsenden Baumes, die getrocknet deutlich schwächer würzen als frische Blätter. Curryblätter regen die Bauchspeicheldrüse an und wirken blutreinigend.
Ayurveda-Eigenschaften: reduzieren Kapha und Pitta

Knoblauch. Nicht jeder mag den Geruch. Doch es gibt kaum ein gesünderes Gewürz, senkt er doch sogar den Cholesterinspiegel und bekämpft Infektionen.

Fenchelsamen: Wir kennen sie aus Teemischungen für Magen und Darm. Sie stärken die Verdauung, helfen gegen Blähungen sowie bei Darmkrämpfen und beruhigen die Nerven.
Ayurveda-Eigenschaften: harmonisieren Vata, Pitta und Kapha

Gewürznelken: Sie werden bei uns oft in der Weihnachtsbäckerei verwendet, sind aber auch bestens geeignet, im Verbund mit Kardamom Reisgerichte zu verfeinern. Nelken wirken befreiend auf die Atemwege sowie den Verdauungstrakt und reinigen den Körper von Giftstoffen.
Ayurveda-Eigenschaften: reduzieren Pitta und Kapha

Ingwer: Er ist eines/eine der wirksamsten Gewürze bzw. Heilpflanzen, die der Ayurveda kennt. Ingwer gleicht Schwächen des Verdauungsfeuers Agni aus, beseitigt Stoffwechselschlacken, hilft bei Völlegefühl, Blähungen und Durchfall, stärkt die Abwehrkräfte und wirkt gezielt bei Erkältungskrankheiten.
Ayurveda-Eigenschaften: harmonisiert alle Doshas, reduziert speziell Kapha und beruhigt Vata

Kardamom: Er ist nach Safran und Vanille das teuerste Gewürz der Welt. Kardamomsamen schmecken anfangs sehr brennend, im »Abgang« aber sehr rund und aromatisch. Kardamom wirkt allgemein stärkend und harntreibend, regt die Gallenblase an, ist gut für den Kreislauf sowie das Gedächtnis und hilft bei Husten und Mundgeruch.
Ayurveda-Eigenschaften: reduziert alle Doshas

Knoblauch: Die stark riechende Knolle gehört zu den bekanntesten Gewürzen der Naturheilkunde. Knoblauch kann den Blutdruck sowie den Cholesterinspiegel senken und bei rheumatischen Erkrankungen helfen.
Ayurveda-Eigenschaften: reduziert Vata und Kapha, stärkt Pitta

Koriander: Es können das frische Kraut und auch die Samen verwendet werden. Während das Kraut – meist in Südasien und -amerika eingesetzt – zitronig-pfeffrig schmeckt, sind die Samen eher aromatisch süß. Das Kraut wirkt gegen fiebrige Erkältungserkrankungen, die Samen bei Herzschwäche. Beides aber fördert die Verdauung und regt den Appetit an.
Ayurveda-Eigenschaften: reduziert Pitta

Bei den Gewürzen sollten Sie unbedingt auf hohe Qualität achten. Am besten kaufen Sie sie in Bio- oder Naturkostläden.

Kreuzkümmel: Er stammt von einer anderen Pflanze ab als der Kümmel. Kreuzkümmel schmeckt kampferartig bitter-scharf und ist in vielen indischen Gewürzmischungen vertreten. Er lindert Blähungen, wirkt harntreibend und schmerzstillend und hilft bei Verdauungsträgheit.
Ayurveda-Eigenschaften: harmonisiert Vata und Kapha, wird trotz des scharf-bitteren Geschmacks auch von Pitta-Typen gut vertragen

Kurkuma (Gelbwurz): Kurkuma gibt dem Currypulver die gelbe Farbe. Es schmeckt leicht moschusartig, bitter und scharf, wirkt appetitanregend, fördert Gallenfluss sowie Leberfunktion und ist durch seine innerlich wie äußerlich reinigende Wirkung fast ein Universalheilmittel.
Ayurveda-Eigenschaften: verstärkt – in reiner Form eingenommen – Vata; mit Öl oder Milch vermischt entfällt dieser Effekt

Pfeffer: Er ist bekanntermaßen scharf und auch hierzulande in jeder Küche zu finden. In der ayurvedischen Ernährung gehört Pfeffer zu jedem Rohkostsalat, weil er die Verdauung erleichtert.
Ayurveda-Eigenschaften: regt Pitta und das Verdauungsfeuer Agni an; Pfeffer mit Honig reduziert Kapha

Safran war schon in der Antike das teuerste Gewürz der Welt. Er wird aus einer Krokusart gewonnen. Um nur ein einziges Kilogramm der Staubfäden zu erhalten, braucht man etwa 80 000 bis 150 00 Blüten.

Safran: Dieses unglaublich teure Gewürz stammt ursprünglich aus der Türkei und dem Irak, wird heute aber auch in Pakistan, Kaschmir, Iran, Marokko und Spanien angebaut. Safran sollte nicht als Pulver, sondern in Form von Samenfäden verwendet werden. Es gilt als schmerzstillend sowie stimulierend auf Verdauung und Libido, wird aber auch bei fiebrigen Erkrankungen empfohlen. Vorsicht: In zu hoher Dosierung kann Safran giftig wirken! Üblich sind 1/2 bis 3 Fäden, beispielsweise auf ein Reisgericht.
Ayurveda-Eigenschaften: reduziert Pitta und gleicht Vata-Pitta aus

Senfsamen: Sie können von sehr unterschiedlichen Senfarten stammen und sich nicht nur in ihrer Farbe, sondern auch in der Schärfe unterscheiden. Besonders mild ist der auch in Europa und Nordamerika heimische weiße Senf. Am schärfsten sind die schwarzen Senfkörner (indischer Braunsenf). Senf kann bei Halsschmerzen helfen, Schleim- und Schweißabsonderungen reduzieren und das Herz beruhigen. Das Senföl wird im Ayurveda traditionell für Massagen bei Kapha-Typen angewandt, da es stark erhitzend wirkt und die Hautdurchblutung sehr wirkungsvoll ankurbelt.
Ayurveda-Eigenschaften: reduzieren Vata und Kapha, stärken Pitta

Auf Sri Lanka finden Sie in den meisten Orten mindestens eine »Apotheke« mit ayurvedischen Heilkräutern und Gewürzen.

Zimt: Die Rinde ist aus der hiesigen Weihnachtsbäckerei nicht wegzudenken – zum Beispiel bei der Herstellung von Lebkuchen, denen er seinen typisch bitter-süßlichen Geschmack verleiht. Gemischt mit Zucker, wird Zimt auch gern zum Bestreuen von Süßspeisen wie Milchreis benutzt. Zimt kann als Rinde oder auch als Pulver verwendet werden – als Rinde ist er zum Beispiel Bestandteil vieler Yogi-Tees, als Pulver wird er unter anderem Kaffee beigemischt, um ihm ein besonderes Aroma zu verleihen. Zimt hat eine antibakterielle Wirkung und beugt Husten vor.
Ayurveda-Eigenschaften: kurbelt das Verdauungsfeuer Agni an und stärkt Pitta

සුදු
හඳුන්
මුල්

Ayurvedisch kochen
– der Figur zuliebe

- *Mit Liebe kochen – Liebe schenken*
- *Rezepte – gesund und köstlich*
- *Special: Gewürzmischungen selbst gemacht*

Ayurvedisch kochen erfordert Verstand und Gefühl – ist aber dennoch ganz einfach. Die ayurvedischen Köstlichkeiten – am besten noch mit selbst gemachten Gewürzmischungen abgeschmeckt – werden Ihren Gaumen verwöhnen. Und wenn Sie die Zutaten Ihrem Dosha-Typ gemäß wählen, schwinden auch noch die Pfunde.

Mit **Liebe** kochen – **Liebe** schenken

Den alten Spruch »Liebe geht durch den Magen« könnte man noch ergänzen durch den Satz: »Wohlbefinden beginnt beim Kochen.« Denn Kochen, erst Recht ayurvedisches Kochen, erfordert gleichermaßen Verstand wie Gefühl – und ist doch so einfach.

Einiges über die Dosha-spezifischen Zutaten haben Sie bereits erfahren. Doch das Zubereiten der Speisen ist natürlich mehr als das bloße Wissen um die Ingredienzien. Im Idealfall ist es tatsächlich ein meditativer Prozess. Denn Meditation ist nicht Versenkung in ein imaginäres Nichts. Meditation ist bewusstes Tun, in diesem Fall das Kochen.

Bereiten Sie Ihre ayurvedischen Speisen mit Freude zu. Das Ergebnis wird Sie und Ihre Familie gleichermaßen begeistern.

Machen Sie Alltägliches zu einem Fest

Wenn in deutschen Landen überhaupt noch richtig gekocht wird – leider sieht es heutzutage normalerweise so aus, dass man auswärts essen geht oder rasch ein paar vorgefertigte Tiefkühlprodukte erhitzt –, so muss es meist schnell gehen. Das an sich ist noch kein Problem: Auch ayurvedisches Kochen geht in vielen Fällen ruck, zuck. Doch wenn Sie selbst kochen, werden Sie den Unterschied kennen, ob Sie ein Mahl für Festtage bereiten oder ob Sie nur mal rasch etwas zum Sattessen bereiten.

Aber was ist es, das ein Festmahl zu etwas Besonderem macht? Ist es nur der Umstand, dass es meist mehr Arbeit macht und mehr Vorbereitung erfordert? Oder ist es vielleicht einfach die Freude daran, seinen Lieben, seinen Freunden – und sich selbst natürlich – ein außergewöhnliches Geschenk zu machen? Etwas, wobei man sich besondere Mühe gibt und möchte, dass dies auch zu einem Genuss wird?

Es ist diese Hingabe an das Kochen, die man schmeckt, dieses meditative Aufgehen in einer so einfachen und doch zentralen Tätigkeit unseres Lebens. In diesem Sinne kann es allen Beteiligten nur nutzen, wenn man täglich wieder diese Freude empfindet, wenn man jeden Tag ein Festmahl bereitet und sei es auch noch so einfach.

Probieren geht über studieren

Eine der besonders häufig verwendeten Zutaten in der ayurvedischen Küche ist Ghee. Dieses Ghee ist im Grunde nichts anderes als reines Butterfett, das von Wasser und Eiweißrückständen gereinigt wurde. Es wird in der indischen Küche als Ersatz für Öle zum Kochen und Braten sowie als Buttterersatz verwendet und ist auch außerhalb des Kühlschranks nahezu unbegrenzt haltbar.

Ghee ist ein kleines Gesundheitselixier. Es enthält Vitamine und Mineralstoffe und macht die Speisen bekömmlicher.

Ghee auf einfache Weise selbst herstellen

1 Bringen Sie 250 Gramm Sauerrahmbutter in einem Topf bei mittlerer Hitze zum Köcheln.

2 Wenn die Butter Schaum und Blasen bildet, reduzieren Sie die Hitze, lassen die Butter aber weiter leicht köcheln. Nicht umrühren!

3 Nach etwa 10 bis 15 Minuten hat sich ein leicht bräunlicher Bodensatz gebildet. Das Ghee selbst ist goldgelb und duftet nussig.

4 Das Ghee ist fertig, wenn alle Flüssigkeit verdampft ist. Sie können dies testen, indem Sie wenige Tropfen Wasser daraufträufeln. Hört das Zischen nach wenigen Sekunden auf, ist das Ghee so weit – dann den Topf zur Seite stellen.

5 Legen Sie nun ein Metallsieb mit Küchenpapier aus und gießen Sie den Inhalt des Topfes durch diesen Filter. Was unten heraustropft, ist das fertige Ghee, das Sie in einem dunklen Glasgefäß kühl, aber ohne Kühlschrank monatelang aufbewahren können.

Im Ayurveda nimmt Ghee eine außergewöhnliche Stellung ein. Zum einen reduziert es Vata und Pitta, stärkt dagegen Kapha. Zum anderen aber vermehrt es das Verdauungsfeuer Agni, stärkt den Körper, wirkt fiebersenkend, wundheilend und entgiftend, verhindert vorzeitige Alterung, beruhigt den Geist, fördert Intelligenz sowie Erinnerungsvermögen und wird in Kombination mit Heilkräutern bei vielen Leiden eingesetzt.

Auch wenn Sie skeptisch sein sollten: Probieren Sie es einfach mal aus. Sie wissen doch: Probieren geht über studieren.

Rezepte – **gesund und köstlich**

Der in den Rezepten verwendete Palmzucker kann auch durch etwas flüssigen Süßstoff ersetzt werden, um Kalorien einzusparen.

Im Folgenden werden Sie einige Rezepte für ayurvedische Getränke, Vorspeisen, Snacks, Suppen, Hauptspeisen sowie Beilagen kennen lernen. Darüber hinaus finden Sie auf Seite 52 f. noch ein Special über die eigene Herstellung wichtiger Gewürzmischungen.

Die Rezepte sind für jeweils vier Personen proportioniert. Bei jedem Gericht ist angegeben, für welchen Dosha-Typ das Gericht geeignet oder weniger geeignet ist. Die exotischeren Zutaten erhalten Sie teils in gut sortierten Supermärkten oder aber in Asien- bzw. Bioläden, in Reformhäusern oder auch im Ayurveda-Versandhandel (zum Beispiel über das Internet).

Getränke für jede Gelegenheit

Die Tees sollten Sie stets heiß servieren und trinken. Die übrigen Mixgetränke sind – wenn nicht anders angegeben – am besten bei Zimmertemperatur zu genießen.

Lassi lässt sich auch gut mit verschiedenen Früchten, Kokosflocken oder Kräutern und Salz zubereiten. Es unterstützt eine gesunde Darmflora.

Süßes Yoghurtgetränk (Lassi)

Zutaten: 500 g fettarmer Naturjoghurt, 100 g Magerquark, einige Spritzer flüssiger Süßstoff, 1 Prise gemahlener Zimt, 1 Prise gemahlener Kardamom, 1/4 TL Rosenwasser (aus der Apotheke), 1 l Wasser

▶ Alle Zutaten mit einem Mixer gut verrühren. In hohen Gläsern servieren.

Ayurveda-Eigenschaften: gut für Vata und Pitta

Trockenobstsaft (Mewaphalpani)

Zutaten: 200 g verschiedene Trockenfrüchte nach Wahl, je 1 Prise gemahlene Nelken, Ingwer- und Mangopulver (Amchur), 1 l Wasser, 25 g geriebener Palmzucker

▶ Trockenobst grob zerkleinern und zusammen mit den Gewürzen mindestens 6 Stunden im lauwarmen Wasser einweichen.

▶ Dann das Ganze pürieren, mit dem Palmzucker mischen und etwa 30 Minuten lang vor dem Servieren ziehen lassen.

Ayurveda-Eigenschaften: geeignet für Kapha und Vata, weniger für Pitta

Zitronengetränk (Limbupani)

Zutaten: 4 EL frisch gepresster Zitronensaft, 1/4 TL Steinsalz, 1 EL Honig, 500 ml abgekochtes und auf Zimmertemperatur abgekühltes Wasser

▶ Alle Zutaten gut vermischen und in hohen Gläsern servieren.

Ayurveda-Eigenschaften: gut für Pitta und Vata, in den Sommermonaten auch für Kapha geeignet

Weihnachtstee

***Zutaten:** je 1/2 TL gestoßener Kreuzkümmel-, Fenchel- und Bockshornkleesamen, 2 Prisen gemahlener Zimt, 1 l Wasser*

▶ Gewürze mischen und in eine Thermoskanne geben.

▶ Wasser aufkochen und in die Kanne füllen.

▶ 30 Minuten lang ziehen lassen, abseihen und heiß genießen.

Ayurveda-Eigenschaften: geeignet für alle Doshas

Minzwasser (Pudinapani)

***Zutaten:** 20 Pfefferminzblätter, 10 Zitronenmelissenblätter, 1/4 TL Mangopulver (Amchur), 1 TL Honig, 750 ml kaltes Wasser*

▶ Alle Zutaten in das Wasser geben und gut verrühren. Das Ganze über Nacht ziehen lassen.

▶ Dann durch ein Sieb abgießen und leicht gekühlt trinken.

Ayurveda-Eigenschaften: gut für Pitta, weniger für Vata und Kapha

Zimt wird aus der Rinde des Ceylon-Zimtbaums gewonnen. Studien haben gezeigt, dass sogar geringe Mengen Zimt den Blutzuckerspiegel senken können.

Entschlackungstee

***Zutaten:** 1 TL frisch geriebener Ingwer, 2 TL Honig, 2 TL frisch gepresster Zitronensaft, 1 l Wasser*

▶ Ingwer, Honig und Zitronensaft in eine Thermoskanne geben.

▶ Wasser aufkochen, zugeben und ca. 30 Minuten lang ziehen lassen.

Ayurveda-Eigenschaften: geeignet für alle Doshas; am besten noch vor dem Frühstück oder während der Mahlzeiten trinken

Für zwischendurch und als Vorspeise

Auch wenn es laut Ayurveda optimal wäre, nur drei (nicht zu üppige) Mahlzeiten am Tag zu sich zu nehmen, so überkommt manch einen doch »der kleine Hunger zwischendurch«. Zudem kann eine wohl bemessene Vorspeise natürlich den großen Hunger bereits so weit mildern, dass wir beim Hauptgang nicht mehr übermäßig zulangen. Hier deshalb eine Auswahl bekömmlicher Snacks, Vorspeisen und Suppen.

Wer nicht auf seine Linie achten muss (oder will), kann die in den Rezepten verwendete Milch durch die gleiche Menge Sahne oder Crème fraîche ersetzen.

Gedünsteter Chicorée mit Grapefruit (Puneri Rangarang)

***Zutaten:** 500 g Chicorée, 1/2 Grapefruit, 1 TL Ghee, 1 TL Sojasauce, Salz, 100 g Kräuterquark (Magerstufe)*

▶ Chicorée in einzelne Blätter teilen, waschen und Stielansatz herausschneiden. Grapefruit schälen und filetieren.

▶ Ghee in einer Pfanne erhitzen und die Chicoréeblätter kurz darin anbraten, Sojasauce dazugeben, salzen und wenden.

▶ Chicorée mit Grapefruitfilets und Kräuterquark auf Tellern anrichten und servieren.

Ayurveda-Eigenschaften: gut für Pitta und Kapha

Kürbissuppe (Kaddu ka Shorba)

***Zutaten:** 500 g Kürbisfleisch, 1/2 mittelgroße Zwiebel, 1 mittelgroße Knoblauchzehe, 1/2 l Gemüsebrühe, 1 TL frisch geriebener Ingwer, je 1/4 TL Basilikum, Majoran, Oregano, Rosmarin, 50 ml Milch, Salz*

▶ Kürbisfleisch in Stücke schneiden. Zwiebel und Knoblauch abziehen und fein hacken. Alles in einen Topf geben.

▶ Gemüsebrühe hinzugießen und Ingwer zufügen. 30 Minuten unter gelegentlichem Umrühren köcheln lassen. Kräuter und Milch zugeben, pürieren und je nach Dosha (siehe unten) noch Wasser hinzufügen. Mit Salz abschmecken.

Ayurveda-Eigenschaften: geeignet für alle Doshas – für Vata sehr flüssig, für Pitta mittelflüssig und fester für Kapha

Sesamsamen sind besonders gut für Pitta-Typen. Sie eignen sich zum Beispiel für knusprige Süßspeisen, als Brotbeigabe und als Krönung der Gurken-Zucchini-Suppe.

Indische Pizza

***Zutaten:** 1 TL Ghee, 500 ml Milch, 250 g Polentagrieß, 1 TL Kräuter der Provence, 1/2 TL Mangopulver (Amchur), 1/2 TL Korma Masala, 1/4 TL Kurkuma, 1 TL Zucker, Salz, 1 Zucchini, 3 Tomaten, 1 Chilischote, 1 Möhre, 50 g Rucola, 4 EL Maiskörner aus der Dose, 100 g Tofuwürfel (eventuell geräuchert)*

▶ Backofen auf 200 °C vorheizen (Umluft 175 °C). Backblech mit Ghee bestreichen.

▶ Milch aufkochen, Polenta, Kräuter, Gewürze und Zucker unter ständigem Rühren hinzugeben. Wenn die Polenta fester wird, mit Salz abschmecken, auf dem Blech ausstreichen. 5 Minuten abkühlen lassen.

▶ Zucchini und Tomaten waschen, putzen und in feine Scheiben schneiden. Chili aufschneiden, entkernen und in kleine Stücke schneiden. Möhre putzen und fein raspeln. Rucola waschen und verlesen.

▶ Polenta nach Wunsch mit Zucchini- und Tomatenscheiben, Chili, Mais und Tofu belegen und 15 Minuten im vorgeheizten Ofen backen. Mit Rucola und Möhrenraspeln garniert servieren.

Ayurveda-Eigenschaften: geeignet für alle Doshas

Gurken-Zucchini-Suppe

***Zutaten:** 1 mittelgroße Salatgurke, 1 mittelgroße Zucchini, 1 grüne Chilischote, 1/2 mittelgroße Knoblauchzehe, 1/4 l Wasser, 1/2 TL frisch gepresster Zitronensaft, 1 TL Zucker, 2 EL Grieß, 50 ml Milch, Salz, 1 TL Sesamsamen, 1 TL gehackte Petersilie (wahlweise Schnittlauch)*

▶ Salatgurke schälen, Zucchini waschen und je 1/4 davon zum späteren Garnieren raspeln, den Rest grob klein schneiden. Chilischote waschen, halbieren, entkernen und in Streifen schneiden. Knoblauchzehe abziehen und fein hacken.

▶ Wasser aufkochen und das Gemüse zusammen mit Chilistreifen, Zitronensaft, Knoblauch und Zucker zugeben. Zugedeckt ca. 10 Minuten lang kochen lassen.

▶ Das Ganze pürieren. Grieß einrühren und 5 Minuten lang bei niedriger Temperatur ausquellen lassen. Milch einrühren, mit wenig Salz abschmecken und nochmals kurz aufkochen.

▶ Auf Teller verteilen und mit Gurken- und Zucchiniraspeln, Sesamsamen sowie Petersilie oder Schnittlauch garniert servieren.

Ayurveda-Eigenschaften: geeignet für Kapha und Pitta, jedoch nicht für Vata

Hauptgerichte – für jeden etwas

Auch in dieser Rubrik ist es natürlich nur möglich, ein paar kleine Kostproben des unendlichen Variantenreichtums der ayurvedischen Küche aufzuzeigen. Doch wenn Sie sich an die Regeln halten, welche Lebensmittel für welchen Dosha-Typ angemessen sind und obendrein die Gewürzmischungen (Masalas bzw. Churnas, siehe Special, Seite 52 f.) mit diesen kombinieren, werden Sie selbst zu einem ayurvedischen Küchenzauberer. Sie werden feststellen, wie einfach es ist, selbst zu komponieren. Die folgenden Beispiele mögen Ihnen als erste Schritte dienen.

Tipp

Seien Sie kreativ beim Kochen, suchen Sie sich typgemäße Lebensmittel aus (siehe dazu Seite 24 ff.) und erfinden Sie eigene »ayurvedische« Rezepte. Nachkochen ist gut, kreatives Kochen ist besser – und es macht vor allem viel mehr Spaß.

Hähnchenbrustfilet nach Tandoori-Art (Tandoori Murg)

***Zutaten:** 500 g Hähnchenbrustfilet, 1 mittelgroße Knoblauchzehe, 200 g fettarmer Joghurt, 1 EL Tandoori Masala, 1 TL Korma Masala, 1/4 TL Ingwer, 1 Messerspitze Chilipulver, 1 TL frisch gepresster Zitronensaft, 1 Messerspitze Kurkuma, 1/2 TL Zucker, 1/2 TL Salz*

Geben Sie das Hähnchenfleisch zum Marinieren in einen flachen, gut verschließbaren Behälter, der dann kühl gestellt wird.

▶ Hähnchenfleisch in daumenkuppengroße Stücke schneiden. Knoblauch abziehen und fein hacken. Mit den restlichen Zutaten in einer Schüssel mischen und 3 bis 10 Stunden lang ziehen lassen.

▶ Backofen auf 200 °C vorheizen (Umluft 175 °C). Mariniertes Fleisch auf einem Blech oder in einer Auflaufform flach verteilen und 30 Minuten lang auf der mittleren Schiene backen. Fleisch wenden. Dann noch 2 bis 4 Minuten bei Oberhitze auf einer höheren Schiene grillen.

Ayurveda-Eigenschaften: gut für Vata und Kapha, weniger für Pitta

Gurken und Kartoffeln in Ingwer-Kokos-Sauce

***Zutaten:** 1 Salatgurke, 2 mittelgroße mehlig kochende Kartoffeln, 1 Zwiebel, 1 kleine Chilischote, 1 EL Sonnenblumenöl, 1/4 TL Kreuzkümmel, 200 ml Kokosmilch, 1/2 TL gemahlener Ingwer, 1 TL frisch gepresster Zitronensaft, 1/2 TL Bockshornkleeblätter, Salz, 1/2 TL frisch geriebener Ingwer, 1 TL fein gehackter Schnittlauch*

▶ Gurke und Kartoffeln waschen, schälen und in Würfel schneiden. Zwiebel abziehen und klein schneiden. Chilischote waschen, halbieren, entkernen und fein zerkleinern.

▶ Öl in einem Topf erhitzen, Kreuzkümmel darin anrösten, Hitze reduzieren, Zwiebel und Chili zugeben und kurz andünsten. Kokosmilch und Kartoffeln zufügen und ca. 5 Minuten köcheln lassen. Gurkenwürfel, Ingwerpulver, Zitronensaft und Bockshornklee untermischen und weitere 5 Minuten köcheln lassen.

Chilischoten werden an der Luft getrocknet. Wer mit Chili kocht, muss vorsichtig damit umgehen: zu viel davon tötet jeden anderen Geschmack.

▶ Mit Salz abschmecken und vor dem Servieren den frischen Ingwer und Schnittlauch als Garnitur darübergeben.

Ayurveda-Eigenschaften: gut für alle Dosha-Typen

Fischcurry nach Goa-Art (Saraswat Machchi Kari)

Zutaten: 500 g Fischfilet (z. B. Lachs, Rotbarsch), 1 TL frisch gepresster Zitronensaft, 1/2 TL Kurkuma, 1 TL geriebener Ingwer, Salz, 1 Tomate, 1 EL Sesamöl, je 1/2 TL Kreuzkümmel und Senfkörner, 250 ml Kokosmilch, 1 TL Kapha-Churna, 1 TL Tamarindenpaste, 1 TL Palmzucker, 100 ml Wasser, 1 EL frische gehackte Korianderblätter

Wie Sie Kapha-Churna selbst herstellen können, erfahren Sie auf Seite 53.

▶ Fisch mit Zitronensaft, Kurkuma, Ingwer und etwas Salz 15 Minuten marinieren. Tomate waschen und fein würfeln.

▶ Sesamöl in einem Topf erhitzen, Kreuzkümmel und Senfkörner vorsichtig darin anbraten. Tomatenwürfel, Kokosmilch, Kapha-Churna, Tamarindenpaste und Palmzucker zugeben und unter ständigem Rühren 3 Minuten köcheln lassen. Wasser angießen, aufkochen lassen, Fischfilets hineinlegen und 4 Minuten bei mittlerer Hitze garen.

▶ Filets kurz entnehmen, den Topfinhalt abschmecken. Fisch gewendet nochmals 4 Minuten garen. Mit Korianderblättern bestreut servieren. Dazu passt Basmatireis.

Ayurveda-Eigenschaften: gut für Kapha und Vata, weniger für Pitta

Muskatnüsse werden gerieben als Gewürz, zum Beispiel in Kapha-Churna, verwendet. Sie steigern die Libido. In großen Mengen ist die Muskatnuss jedoch giftig.

Beilagen mit Pfiff

Die raffinierten indisch-ayurvedischen Beilagen sind nicht wirklich zu vergleichen mit den schlichten Dingen, die normalerweise im deutschsprachigen Raum zum Essen gereicht werden: Salzkartoffeln, Nudeln oder Reis und gemischter Salat. Nichts gegen einfache Salzkartoffeln – wohlschmeckende Kartoffelsorten sind durchaus ein Genuss, ebenso wie Nudeln oder Reis, die richtige Sauce vorausgesetzt. Und doch gibt es einen grundlegenden Unterschied zu den folgenden Beilagen: Von ihnen kann sogar jede einzeln als eigenständiges Gericht gegessen werden. Im Folgenden auch hier nur ein paar Rezeptbeispiele, die Sie zum Experimentieren anregen sollen.

Rapsöl hat einen milden, frischen Geschmack und ist hervorragend zum Kochen und Braten geeignet, da es sehr hitzebeständig ist.

Makkaroni in Kokossauce (Tesu ke Phool)

***Zutaten:** 1 Zwiebel, 1 mittelgroße Knoblauchzehe, 2 Tomaten, 1 EL Pflanzenöl (z. B. Rapsöl), je 1/4 TL gemahlener Chili, Galgant, Mangopulver (Amchur), Tandoori Masala und Zimt, 100 ml Kokosmilch, Salz, 2 l Wasser, 200 g Makkaroni, 1 TL Olivenöl, je 1 TL gehackter Oregano, Kerbel, Schnittlauch (alternativ Kräuter der Saison)*

▶ Zwiebel abziehen und in Würfel schneiden. Knoblauch abziehen und fein hacken. Tomaten waschen, vom Stielansatz befreien, würfeln.

▶ Zwiebel und Knoblauch in einer Pfanne in heißem Rapsöl andünsten, Tomaten und die gemahlenen Gewürze zugeben. 1 bis 2 Minuten lang köcheln lassen und dann die Kokosmilch angießen. Mit Salz und den benutzten Gewürzen abschmecken und auf niedrigster Temperatur warm stellen.

▶ Währenddessen Wasser mit Salz zum Kochen bringen. Makkaroni darin nach Packungsanweisung bissfest garen und abgießen. Nudeln mit Olivenöl, Oregano und Kokossauce vermischen.

▶ Mit Kerbel und Schnittlauch garniert servieren.

Ayurveda-Eigenschaften: geeignet für Vata und Pitta, weniger für Kapha

Zwei kleine, aber feine und wichtige »Küchen-Geheimnisse«

▶ Kokosmilch wird hierzulande selten benutzt. In kleinen Mengen eingesetzt, können Sie damit auch viele deutsche Gerichte exotisch aufpeppen. Überraschen Sie Ihre Gäste!

▶ Wenn Sie einem eingefleischten Befürworter der deutschen Küche ayurvedische Kost schmackhaft machen wollen, sollten Sie ab und zu ein wenig ayurvedische Würzmischungen (siehe Seite 52 f.) verwenden, dann nach und nach andere Zutaten; und schließlich wird ihm auch Ayurvedisches munden – alles nur eine Frage der Gewöhnung.

In Indien und auf Sri Lanka hat jeder Koch seine eigenen Spezialgewürzmischungen, auch immer abhängig von der Verfügbarkeit der Kräuter und Gewürze. Am besten schmecken die Mischungen natürlich frisch. Sie können sie – luftdicht verpackt – auch länger (dunkel und kühl) lagern.

Kartoffeln in Minzsauce (Kachaloo)

Zutaten:** **200 g fest kochende Kartoffeln, Salz, Wasser, 1 EL Ghee, 1 grüne Chilischote, 1 TL Pfefferminzpaste, 1 TL frisch gepresster Zitronensaft, 1 TL Honig, 30 g gemahlene Mandeln, 1 EL Sesam

▶ Kartoffeln in Salzwasser gar kochen, pellen, in Würfel schneiden und mit dem Ghee vermischen.

▶ Chilischote waschen, halbieren, entkernen und klein schneiden. Pfefferminzpaste, Zitronensaft, Honig, Chili und 50 Milliliter Wasser zusammen pürieren, salzen und mit den Mandeln zu den Kartoffeln geben. Mit Sesam bestreut servieren.

Ayurveda-Eigenschaften: gut für Vata und Pitta, weniger für Kapha

Kartoffel-Kokos-Salat (Alu-Narial-Raita)

Zutaten: 40 g Kokosflocken, Wasser, 200 g fest kochende Kartoffeln, Salz, 1 EL Ghee, 1/2 TL Senfkörner, 6 Curryblätter, 1/2 TL Vata-Churna (siehe Seite 53), 25 g Palmzucker, 1 TL fein gehackte frische Korianderblätter (oder andere Kräuter der Saison)

▶ Kokosflocken in 80 Milliliter lauwarmem Wasser etwa 20 Minuten lang einweichen. Währenddessen Kartoffeln in Salzwasser gar kochen, pellen und in Würfel schneiden.

▶ Ghee in der Pfanne erhitzen, Senfkörner und Curryblätter kurz darin anrösten und zu den Kartoffeln geben, Vata-Churna, Palmzucker und Kokosflocken samt Einweichwasser einrühren, mit Salz abschmecken und mit Koriander garnieren.

Ayurveda-Eigenschaften: geeignet für Vata und Pitta, eingeschränkt auch für Kapha

Das Rezept für die Vata-Churna-Gewürzmischung finden Sie auf Seite 53.

Indisches Fladenbrot (Chapati)

***Zutaten:** 200 g Weizenmehl, 300 g Dinkelmehl, 2 EL Pflanzenöl (z.B. Rapsöl), 1 TL Salz, lauwarmes Wasser, Ghee*

▶ Mehle, Öl und Salz mischen und mit so viel Wasser verkneten, dass ein geschmeidiger Teig entsteht. Bei Zimmertemperatur 15 Minuten lang gehen lassen, nochmals durchkneten und in 20 Stücke teilen.

▶ Jedes Teil zu einem Ball formen, sehr dünn ausrollen (Durchmesser der Fladen dann etwa 20 Zentimeter) und in einer sehr heißen Pfanne ohne Fett von jeder Seite ca. 1 Minute backen. Nach dem Herausnehmen dünn mit Ghee bestreichen und noch warm servieren.

Ayurveda-Eigenschaften: gut für Pitta und Kapha

In feine Scheiben geschnittenes Avocadofruchtfleisch peppt Salat als Beilage für Vata-und Pitta-Typen auf.

Etwas Süßes braucht der Mensch

Zu einem gelungenen Mahl gehört für viele von uns eine süße Nachspeise. Grundsätzlich gilt natürlich, dass man sich zum Abnehmen bei den Süßspeisen etwas zurückhalten sollte. Ganz darauf verzichten muss man jedoch nicht, schließlich soll das Abnehmen auch Freude bereiten. Davon abgesehen ist für Übergewicht meist ein Zuviel an Fett verantwortlich, nicht Süßes. Und last not least: Etwas mehr Bewegung macht den zusätzlichen Kalorien schnell den Garaus.

Apfelcreme (Seb Murakkat)

Zutaten:* *200 ml Wasser, 2 EL Palmzucker, 5 Äpfel (herbere Sorten wie zum Beispiel Boskop), 1/2 TL Zimtpulver, 1/4 TL Rosenwasser, 2 EL Kokosflocken, 5 EL Milch, 1 EL Sonnenblumenkerne (oder Sesamsamen)

▶ Wasser zusammen mit dem Palmzucker in einem Topf erhitzen. Währenddessen 4 Äpfel schälen, Kerngehäuse entfernen, Äpfel zerkleinern und in der Flüssigkeit weich kochen, anschließend pürieren und abkühlen lassen.

▶ Restlichen Apfel schälen, entkernen, klein würfeln und mit Zimt, Rosenwasser, Kokosflocken und Milch in das Apfelmus einrühren. Mit Sonnenblumenkernen (Sesamsamen) garniert servieren.

Ayurveda-Eigenschaften: gut für Vata und Pitta, in Maßen für Kapha

Tipp

Sie können die Zutaten für diese Rezepte – speziell die verwendeten Nüsse und Samen – problemlos variieren, so dass sie eher für Ihren Typ geeignet sind (Seite 24 ff.) oder auch mehr Ihrem Geschmack bzw. Ihren Vorlieben entsprechen.

Nussbällchen (Kasturi Laddoo)

Zutaten: 2 EL Ghee, 80 g Kokosflocken, 50 g gemahlene Mandeln, 40 g fein gehackte Walnüsse, 10 g fein gehackte Sonnenblumenkerne, 50 g Rosinen, 25 g Pinienkerne, 1 EL Dinkelgrieß, 2 EL Kichererbsenmehl, 1 Prise Zimtpulver, 4 EL Milch, 3 Tropfen Rosenwasser

▶ Ghee in einem Topf erwärmen, außer Milch und Rosenwasser alle Zutaten zufügen und unter ständigem Rühren auf niedriger Stufe etwa 10 Minuten lang erhitzen. Milch und Rosenwasser unterrühren und weitere 10 Minuten lang köcheln lassen.

▶ Etwas abkühlen lassen und aus der noch warmen Masse mit angefeuchteten Händen kleine Bällchen formen. Alternativ können Sie die Masse auch ausrollen und in Streifen oder Würfel schneiden.

Ayurveda-Eigenschaften: gut geeignet für alle Doshas

Mandelplätzchen (Nankhatai)

***Zutaten:** 50 g brauner Zucker, 50 g Ghee, 1 Prise gemahlener Kardamom, 200 g Vollkorn-Dinkelmehl, ca. 20 halbierte Mandeln*

▶ Braunen Zucker und Ghee mit einem Schneebesen gut verrühren. Kardamom zufügen. Nach und nach mit dem Mehl zu einem Teig verkneten. Falls er zu fest oder bröckelig wird, etwas Wasser zufügen.

▶ Backofen auf 175 °C vorheizen (Umluft 150 °C). Teig nochmals gut durchkneten, dünn ausrollen und mit einer Form Plätzchen ausstechen. Diese auf ein mit Backpapier belegtes Blech geben und jeweils 1 Mandelhälfte eindrücken. Die Plätzchen auf der mittleren Schiene in ca. 10 bis 15 Minuten leicht braun backen.

Ayurveda-Eigenschaften: gut geeignet für alle Doshas

Sesamkonfekt (Til Chikki)

***Zutaten:** 2 EL Ghee, 250 g Palmzucker, 100 g Sesamsamen, 1/2 TL gemahlener Ingwer, 1 EL Wasser*

▶ 1 Esslöffel Ghee erhitzen, Palmzucker in kleinen Stücken hinzugeben und schmelzen lassen. So lange auf niedriger Stufe köcheln lassen, bis die Masse mittelbraun ist. Sesam, Ingwer und Wasser dazugeben und unter Rühren weiter erhitzen, bis eine zähe Masse entstanden ist.

▶ Backblech mit restlichem Ghee einfetten, Masse aufstreichen, in Stücke schneiden, abkühlen lassen.

Ayurveda-Eigenschaften: gut geeignet für Vata

Tipp

Versuchen Sie doch einmal, Ihre Lieblingsnachspeisen »auf Ayurveda zu trimmen«. Sei es ein ganz normaler Vanillepudding oder ein Fruchtsalat: Durch zusätzliche ayurvedische Gewürze oder Nüsse-Samen-Kombinationen können Sie dem Ganzen eine besondere Note verleihen.

Special: **Gewürzmischungen** selbst gemacht

Man unterscheidet bei Gewürzmischungen zwischen Masalas, die während des Kochens beigegeben werden, und Churnas, die erst vor dem Servieren zum Harmonisieren der Doshas quasi als Arzneien beigefügt werden. Manche Gewürzmischungen bekommen Sie auch fertig im Handel, etwa Garam Masala vor allem für Fleischgerichte, Korma Masala für Gemüse und Tandoori Masala für Geflügel. Doch Masalas wie Churnas lassen sich leicht selbst herstellen.

So verpackt wird Kardamom auf Sri Lankas Märkten feilgeboten.

Milde Masala

***Zutaten:** 1 TL Koriandersamen, 5 g getrockneter Ingwer, 1 TL Fenchelsamen, 1 TL Kreuzkümmel, 1 TL Nelken, 5 g zerkleinerte Zimtstange, 1 TL Kardamomkapseln, 1/2 TL getrocknete Chili, 1 TL Paprikapulver, 1 TL Kurkuma*

▶ Alle Gewürze außer Paprika und Kurkuma in einer Pfanne ohne Fett unter Rühren ca. 5 Minuten lang rösten (nicht schwärzen!). Dann in einem elektrischen Zerkleinerer (zum Beispiel Kaffeemühle) mahlen. Anschließend Paprikapulver und Kurkuma untermischen.

▶ Hervorragend für Saucen, Suppen und Gemüse.

Scharfe Masala

***Zutaten:** 1 TL Koriandersamen, 5 g getrockneter Ingwer, 1 TL Kreuzkümmel, 1 TL Fenchelsamen, 1 TL Nelken, 1 TL getrocknete Chili, 5 g zerkleinerte Zimtstange, 1 TL schwarze Pfefferkörner, 1/2 TL Muskatnuss, 1 TL Paprikapulver, eventuell 1/4 TL Kurkuma*

▶ Alle Gewürze außer Paprika und Kurkuma in einer Pfanne ohne Fett vorsichtig unter Rühren ca. 5 Minuten lang rösten. Anschließend in der

Mühle fein zerkleinern. Dann Paprikapulver und Kurkuma untermischen.
▶ Passt gut zu pikanten Fleisch-, Erbsen-, Bohnen und Kartoffelgerichten.

Süße Masala

***Zutaten:** 5 g getrockneter Ingwer, Samen von Sternanis, 1 TL grüne Kardamomkapseln, 1 TL Fenchelsamen, 5 g zerkleinerte Zimtstange, 1/2 Vanilleschote, 1 TL Kreuzkümmel, 1 TL Nelken*

▶ Zutaten in einer Pfanne ohne Fett vorsichtig rösten, dann zerkleinern.
▶ Passt hervorragend als Würzung zu einem süßen Lassi.

Ein süßes Lassi mischen Sie aus je 1 Teil Fruchtsaft, Wasser und Joghurt. Süßen Sie das Getränk mit einigen Spritzern flüssigen Süßstoffs. Im Orginal wird mit Honig oder Zucker gesüßt.

Kapha-Churna (bei Kapha-Überschuss)

***Zutaten:** je 1 EL Cayennepfeffer, Galgant, Estragon, Kümmel, Oregano, weiße Pfefferkörner, ganzer Piment, Thymian und Wacholderbeeren, 1 EL gemahlene Muskatnuss*

▶ Alle Gewürze außer Muskat in einer Pfanne ohne Fett vorsichtig rösten. Dann in der Mühle zerkleinern und Muskatnuss hinzugeben.
▶ Passt zu herzhaften Fleisch- und Reisgerichten.

Pitta-Churna (bei Pitta-Überschuss)

***Zutaten:** je 1 EL Basilikum, Dill, Kümmel, Pfefferminze, schwarzer Pfeffer, Rosmarin und zerkleinerte Zimtrinde*

▶ Alle Zutaten etwa 1 Minute lang vorsichtig in der Pfanne ohne Fett rösten. Anschließend in der Mühle zerkleinern.
▶ Passt zu Gemüse- und Fleischgerichten.

Vata-Churna (bei Vata-Überschuss)

***Zutaten:** je 1 EL Anis, Basilikum, Kümmel, Majoran, Oregano und Piment, 4 Lorbeerblätter*

▶ Alle Zutaten ca. 1/2 Minute lang vorsichtig in einer Pfanne ohne Fett rösten. Anschließend in der Mühle zerkleinern.
▶ Passt zu den meisten Gemüse-, Reis- und Fleischgerichten.

Der ideale **Ayurveda-Alltag**

► *Gesund und schlank durch Biorhythmen*

Sie wünschen sich mehr Energie und Gesundheit? Dann sollten Sie verstärkt auf Ihre Biorhythmen achten – sie sind jeder Lebensform angeboren. Lernen Sie, Ihre Lebens- und Ihre Ernährungsweise diesen Rhythmen anzupassen, dann werden Ihre Gesundheit und Ihr Gewicht dauerhaft stabil. Ayurveda sagt, wie's geht.

Gesund und schlank durch **Biorhythmen**

Wer schon einmal einen Interkontinentalflug mitgemacht hat, wird vermutlich erlebt haben, wie sein Biorhythmus durcheinander geraten ist – in Form des Jetlags.

Was die westliche Wissenschaft der Chronobiologie erst in den vergangenen 30 Jahren zweifelsfrei bewiesen hat, ist im Ayurveda bereits seit Tausenden von Jahren bekannt: Jeder Mensch unterliegt sowohl jahreszeitlichen als auch täglich wiederkehrenden Rhythmen, die sämtliche Körpervorgänge, aber auch geistige Prozesse steuern. Wer ständig gegen diese natürlichen Rhythmen verstößt – etwa durch Schichtarbeit oder eine unvernünftige Tagesgestaltung –, wird über kurz oder lang Leistungseinbußen hinnehmen müssen oder sogar krank werden.

Nicht nur der Figur zuliebe

Ziel des Ayurveda ist es deshalb, das gesamte Leben – das heißt jeden einzelnen Tag – so zu gestalten, dass man sich gemäß dieser Rhythmen verhält. Da es in diesem Buch primär um das Abnehmen bei Übergewicht geht, werden diese Aspekte im Folgenden besonders betont. Doch im Grunde geht es um mehr, nämlich um ein insgesamt gesünderes Leben.

So sieht der ideale Ayurveda-Tag aus

Nicht nur bei den verschiedenen Konstitutionstypen des Menschen, sondern auch im normalen Tagesablauf begegnet man im Ayurveda den drei Doshas. Sämtliche Biorhythmen unterliegen den unterschiedlichen Ausprägungen von Vata, Pitta und Kapha. So sollte man in der Zeit, in der ein Dosha vermehrten Einfluss hat, diesem mit entsprechenden sanften Maßnahmen entgegensteuern.

Ayurvedische Anwendungen richten sich nach den körpereigenen Rhythmen und denen der Natur. So können die Doshas optimal harmonisiert werden.

Die Vata-Zeiten

- sehr früher Morgen
- Herbst bis Winter
- Nachmittag
- das Alter

Die Pitta-Zeiten

- Mittag
- Sommer
- Mitternacht
- Erwachsenenalter

Die Kapha-Zeiten

- späterer Morgen
- Winter bis Frühling
- Abend
- Kindheit

Die Mittagszeit wird beispielsweise von Pitta dominiert. So sollten laut Ayurveda vor allem Pitta-Typen im Sommer (hier überwiegt ebenfalls Pitta) alles meiden, was dieses Dosha noch zusätzlich stärken würde, bzw. versuchen, es zu senken. Sie sollten in diesem Fall beispielsweise Hitze und Sonne meiden, Stress abbauen, auf Aufputschmittel sowie zu viele scharfe, salzige und saure Speisen verzichten.

Früher aufstehen bedeutet, den Tag mehr zu genießen

Von zentraler Bedeutung für unser Wohlbefinden ist ein gesunder Wechsel zwischen Tagesaktivität und Nachtschlaf: Wer zu spät ins Bett geht, wird morgens nur schwer aus den Federn kommen und einen ziemlich unerquicklichen Tag haben. Doch diese Binsenweisheit müssen wir auch im Alltag beherzigen.

Laut Ayurveda ist es optimal, noch während der morgendlichen Vata-Phase, etwa eine Stunde vor Sonnenaufgang, aufzustehen und den Tag in dieser frischen, unbeschwerten und heiteren Zeit zu beginnen. Wer später, erst während der Kapha-Phase zwischen etwa 6 und 10 Uhr morgens, aus den Federn kommt, wird den ganzen Tag über nicht richtig aktiv werden.

Da die meisten Menschen ungefähr sieben Stunden Schlaf benötigen, müssten Sie also – wenn Sie um 5:30 Uhr aufstehen wollen – gegen 22:30 Uhr ins Bett gehen. Vielleicht benötigen Sie aber auch nur sechs Stunden Schlaf oder aber acht Stunden. Dann sollten Sie die Zubettgehzeiten entsprechend anpassen.

Die so genannte Morgentoilette

Nach dem ersten Gang zur Toilette folgt hierzulande für gewöhnlich sofort die morgendliche Dusche oder das Zähneputzen. Laut Ayurveda sollten Sie allerdings etwas anders in den Tag starten.

Nach dem Zähneputzen können Sie noch mit etwas Salbeiwasser (einige Tropfen Salbeiöl auf 1 Glas Wasser) gurgeln. Das wirkt antibakteriell und sorgt für einen frischen Atem.

▶ Trinken Sie zunächst 1 Glas warmes Wasser mit 1 Teelöffel Honig und 1 Schuss Zitronensaft.

▶ Dann erst folgt das Zähneputzen.

▶ Der Ayurveda empfiehlt nun, zusätzlich die Zunge mit einem umgedrehten Löffel oder einem speziellen Zungenschaber (erhältlich in der Apotheke) zu reinigen. Dies entfernt Schlacken und sorgt für einen frischen Atem.

▶ Anschließend sollten Sie auch die Nase gründlich reinigen. Schnäuzen reicht dafür allerdings nicht aus. Spülen Sie die Nase mit einer so genannten Nasendusche (ebenfalls aus der Apotheke oder dem Reformhaus). In dieses einfache Gerät füllen Sie eine kleine Menge Salz (zum Beispiel Meersalz, erhältlich in Apotheken und Drogeriemärkten) und die entsprechende Menge warmes Wasser. Führen Sie nun die schnabelähnliche Öffnung der Nasendusche in ein Nasenloch ein, legen Sie den Kopf zur Seite und ziehen Sie das Salzwasser durch das Nasenloch ein. Dann schnäuzen Sie kräftig aus. Anschließend wiederholen Sie die Prozedur mit dem anderen Nasenloch. Klingt vielleicht unangenehm, ist es aber nicht. Probieren Sie es aus und Sie werden feststellen, dass Sie sich danach wesentlich wohler fühlen und besser riechen können. Zum Schutz der Nasenschleimhäute könnnen Sie diese noch mit etwas Sesamöl einreiben.

Streicheln und wecken Sie Ihre Sinne

Jetzt ist es an der Zeit, Ihre Haut aufzuwecken und den Kreislauf in Schwung zu bringen.

▶ Wenn Sie eher trockene Haut haben, empfiehlt sich eine Selbstmassage mit einem pflanzlichen Öl, zum Beispiel Sesam-, Oliven-, Kokos- oder Mandelöl, das ungefähr Körpertemperatur haben sollte.

▶ Wenn Sie hingegen fettige Haut haben (was vor allem beim Kapha-Typ der Fall ist), empfiehlt sich stattdessen eine Massage mit einem Massagehandschuh oder einem Waschschwamm.

▶ Beginnen Sie am Scheitel mit kreisenden Bewegungen. Nun sind die Ohren an der Reihe, das Gesicht, Nacken und Hals, die Arme, Oberkörper und Bauch und die Beine. Ihr besonderes Augenmerk aber sollten Sie auf die Massage der Füße richten – hier erzielen Sie die besten Effekte für einen guten Start in den Tag. Wenn Sie nicht zu viel Öl verwenden, zieht es binnen weniger Minuten ein.

▶ Im Anschluss an die Massage können Sie duschen oder baden.

Sich selbst massieren ist auch ein Akt der Liebe, der Selbstliebe nämlich. Und nur wer sich selbst liebt, kann auch andere wirklich lieben.

Abnehmen funktioniert nur mit, nicht gegen Körper und Geist

▶ Halten Sie sich stets vor Augen, dass Sie sich nicht »vergewaltigen« dürfen. Ayurveda schreibt Ihnen nichts vor. Er gibt nur Empfehlungen. Wichtig ist, dass Sie ein Gespür dafür entwickeln, was Ihnen gut tut.

▶ Wenn Sie abnehmen wollen, so sollten Sie Ihre gesamte Lebensweise umstellen – sich mehr bewegen (laufen, walken, Yoga- und Gymnastikübungen machen), nach den Prinzipien des Ayurveda kochen, Ihren Schlaf-Wach-Rhythmus einpendeln, Ihren Körper bewusst wahrnehmen – und Sie werden ganz automatisch Gewicht verlieren.

▶ Strenge Diätvorschriften sind kontraproduktiv, da sie nur Widerwillen erzeugen, der zum genauen Gegenteil dessen führt, was Sie eigentlich wollen.

Lassen Sie sich nicht von Ihrer Waage kasteien! Es reicht, wenn Sie einmal pro Woche (morgens nüchtern) Ihr Gewicht kontrollieren.

So richtig in Schwung kommen

Was nun noch vor dem Frühstück fehlt, ist offensichtlich: Bewegung. Falls Sie gern laufen oder walken, sollten Sie das jetzt tun – 15 bis 30 Minuten reichen völlig aus. Allerdings sollten Sie keine Stoppuhr verwenden, sondern nur einfach den Tag aktiv beginnen, den Kreislauf ankurbeln und bereits jetzt schon einige Kalorien verbrennen – Sie wollen schließlich abnehmen.

Alternativ können Sie beispielsweise etwas Gymnastik oder einige Yogaübungen machen. Beides bringt Sie – richtig ausgeführt – genauso gut in Schwung wie ein kurzer Lauf. Yoga können Sie beispielsweise gut in Kursen an Volkhochschulen oder an speziellen Yogainstituten und Fitness-Studios lernen.

Frühstücken wie ein König?

▶ Vata-Typen dürfen ein kräftiges Frühstück einnehmen, zum Beispiel mit verschiedenen Milchprodukten, Haferflocken, Nüssen und Eiern.

▶ Pitta-Typen sollten beispielsweise Toast mit etwas Ghee oder Frischkäse und Quark bestrichen essen.

▶ Für Kapha-Typen ist es hingegen besser, wenn sie eher leichte Kost bevorzugen, etwa ein Knäckebrot mit Honig und heißen Kräutertee.

Wer abnehmen will, sollte sich an die Empfehlung für den Kapha-Typ halten, dafür lieber mittags »zuzuschlagen« (denn dann ist das Verdauungsfeuer Agni am stärksten) und sich abends wieder zurückhalten. Welche Lebensmittel für welches Dosha geeignet sind, finden Sie auf Seite 24 ff. Dies gilt selbstverständlich auch für die übrigen Mahlzeiten des Tages, die in diesem Abschnitt nur kurz angerissen werden.

Der Vormittag – unsere aktivste Phase

Für die meisten von uns ist der Vormittag die wichtigste Arbeitszeit. Das gilt sowohl für die Kinder in der Schule als auch für Arbeitnehmer und Hausfrauen. Das ist auch gut so, denn unser Biorhythmus hat jetzt alle Funktionen auf 100 Prozent geschaltet: Wir können körperlich und geistig volle Leistung bringen. Das bedeutet in der Konsequenz, dass wir diese auch nutzen sollten.

Wer sich jetzt faul aufs Sofa legt, verschenkt Energie. Was auch immer wichtig ist, was jetzt Ihre volle Aufmerksamkeit erfordert, sollten Sie nun anpacken. Essenspausen in Form eines zweiten Frühstücks sind tabu, zumindest für alle nicht schwer körperlich Arbeitenden – und natürlich diejenigen, die abnehmen wollen.

Mittagszeit: Essen und Pause – oder lieber durcharbeiten?

Körperlich arbeitende Menschen wissen sehr genau, dass zur Mittagszeit ein Essen und im Anschluss daran erst einmal eine gewisse Ruhezeit nötig ist. Wer am Schreibtisch arbeitet, vergisst dies leicht und lebt des-

Tipp

Yoga ist mehr als Gymnastik. Sie lernen dabei, nur die Muskeln zu benutzen, die wirklich nötig sind, und vor allem den Atem zu kontrollieren. Beides ist von unschätzbarer Bedeutung in unserem oft hektischen Alltag. Zudem werden Sie binnen kurzem wesentlich gelenkiger.

halb häufig an seinen Rhythmen vorbei. In letzterem Fall ist etwas Disziplin nötig: Gönnen Sie sich die Auszeit, sie ist nötig! Das sagt nicht nur die ayurvedische Lehre, das sagt auch die westliche Wissenschaft der so genannten Chronobiologie.

Das Mittagessen selbst sollte natürlich wieder den Dosha-Typen gemäß erfolgen:

Vergessen Sie auch beim Mittagessen die Drei-Drittel-Regel (siehe Seite 18) nicht!

- Für Vata-Typen kann das Mittagsmahl gern etwas ausgiebiger und warm ausfallen.
- Bei Pitta-Typen sollte viel Gemüse und Salat auf den Tisch kommen.
- Für Kapha-Typen empfiehlt sich ein leichtes Mittagessen mit wenig Fleisch und viel Gemüse.
- Vata- und Pitta-Konstitutionen sollten nach dem Essen die Füße hochlegen und sich so gut es geht entspannen – es kann auch ein kurzer Mittagsschlaf sein.
- Kapha-Menschen brauchen hingegen etwas Bewegung, beispielsweise einen Spaziergang einmal um den Block.

Der Nachmittag: Wer durchhängt, ist selbst schuld

Nach der Mittagsruhe müssen wir wieder etwas tun – das ist nun einmal der Berufsalltag ebenso wie der Alltag der Hausfrau und Mutter. Wir haben jetzt auch wieder die Energie dafür. Vata- und Pitta-Typen dürfen nachmittags auch einmal einen Snack einnehmen, Kapha-Typen hingegen sollten ganz darauf verzichten. Und diejenigen, die abspecken wollen und die der kleine Hunger zwischendurch überfällt, greifen am besten zu einem Stück Obst (Auswahl entsprechend der Doshas siehe Seite 24 ff.).

Das Abendessen: auf keinen Fall zu spät!

Je nach Ihrem Dosha-Typ sollten Sie als Abendmahlzeit unterschiedliche Speisen bevorzugen. Doch für alle gilt: Zwischen Abendessen und Schlafengehen sollten mindestens drei Stunden liegen, damit der Körper ausreichend Zeit für die Verdauung hat. Dies ist besonders wichtig für unsere Absicht abzunehmen. Es ist jedoch für manchen schwierig – zumindest am Anfang –, mit »knurrendem« Magen einzuschlafen. Sollte dies bei Ihnen der Fall sein, so empfiehlt es sich, noch einen heißen (!) Kräutertee oder warme Milch mit Süßholzwurzel, Honig oder Rohrzucker zu trinken.

Die Abendgestaltung

Für viele von uns klingt der Abend vor dem Fernseher aus. Dagegen ist prinzipiell nicht allzu viel einzuwenden, wenngleich es natürlich auch andere und möglicherweise sinnvollere bzw. kommunikativere Beschäftigungen gibt: das Lesen eines guten Buches zum Beispiel, ein Spiel zu spielen oder sich einfach nur mit dem Partner oder jemand anderem zu unterhalten. Und natürlich können Sie sich auch bewegen.

Wenn Sie tagsüber einen »Durchhänger« haben, gönnen Sie sich einfach zwischendurch eine kleine Fußmassage. Sie aktiviert den ganzen Körper in Sekundenschnelle.

Insbesondere Ihr Abnehmziel werden Sie natürlich nur erreichen, wenn Sich sich auch ausreichend bewegen. Eine gute Idee wäre es deshalb, an mindestens vier Abenden der Woche noch einen ausgedehnten Spaziergang zu machen, zu joggen, zu walken, Rad zu fahren, zu schwimmen oder ins Fitness-Studio zu gehen. Es ist eigentlich egal, durch welche Aktivität Sie Ihre Fettverbrennung ankurbeln – Hauptsache Sie bewegen sich auf irgendeine Weise!

Berühren und berührt werden heißt Leben spüren

In unserer vielfach anonymen Umwelt mit ihren geringen Möglichkeiten der Gefühlsentfaltung ist die Berührung als zwischenmenschliche Ausdrucksmöglichkeit weitgehend abhanden gekommen. Steuern Sie

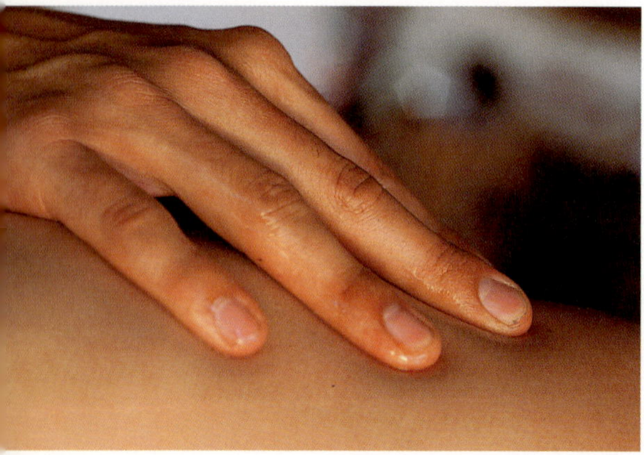

Ölmassagen tun einfach gut!

dagegen: durch Massage. Wenn Sie in einer Paarbeziehung leben, sollten Sie sich an mindestens einem Abend der Woche diesen gegenseitigen Genuss gönnen. Und wenn Sie alleinstehend sind, sollten Sie sich diesen Luxus selbst zugute kommen lassen.

Die abendliche Massage

▶ An Ihrem Massageabend sollten Sie dafür sorgen, dass Sie nicht gestört werden – stellen Sie Ihren Anrufbeantworter an oder stecken Sie das Telefon aus.

▶ Schaffen Sie in dem Raum, in dem Sie massieren wollen, eine angenehme Stimmung: Legen Sie ruhige Musik auf, sorgen Sie für gedämpfte Beleuchtung, heizen Sie ausreichend ein und stellen Sie vielleicht noch einige Duftkerzen auf.

▶ Erwärmen Sie nun das Massageöl, das Sie ausgewählt haben (siehe dazu Seite 65), ein wenig auf.

▶ Der zu Massierende legt sich auf ein Handtuch auf den Rücken. Der Masseur setzt oder stellt sich daneben, so dass er gut arbeiten kann.

▶ Die Massage beginnt wie die Morgenmassage am Scheitel. Dann sind die Ohren an der Reihe, anschließend das Gesicht, der Hals, die Vorderseite der Arme, die Brust und der

Bauch sowie die Vorderseite der Beine und Füße. Dann dreht sich der zu Massierende auf den Bauch. Die Massage geht nun wieder vom Scheitel über den Nacken, die Rückseite der Arme, den Rücken, die Rückseite der Beine bis hinunter zu den Fußsohlen.

▶Zwischendurch sollten Sie immer wieder einmal über den gesamten Körper streichen. Passen Sie Ihre Massagebewegungen stets dem Atemrhythmus des zu Massierenden an.

Zur Selbstmassage setzen Sie sich am besten hin. Verfahren Sie genauso wie bei der Partnermassage beschrieben. Nur die Körperteile, die Sie nicht erreichen können, müssen Sie natürlich auslassen.

Nach der Massage

Nach der Massage sollten Sie das Erlebnis noch in sich nachwirken lassen – der gerade Massierte sollte leicht zugedeckt noch etwa 10 bis 15 Minuten lang ruhen. Danach – bei Paarmassagen natürlich erst, nachdem beide Partner die Massage empfangen haben – bietet sich ein warmes Wannenbad mit Kräuteressenzen (siehe dazu die Empfehlungen auf Seite 66) an. Sie werden feststellen, dass Sie nach Massage und Bad wie ein Baby schlafen und am nächsten Tag frischer denn je zu Werke gehen können und in Zukunft nicht mehr auf die Massage verzichten wollen.

Das richtige Öl für jeden Dosha-Typ

Kokosnussöl: ideal für Pitta, nur bedingt gut für Kapha und weniger für Pitta

Mandelöl: besonders geeignet für Vata, gemischt mit Kokosöl auch für Pitta

Olivenöl: geeignet für alle Doshas, wenngleich nicht erste Wahl für Kapha

Senföl: optimal für Kapha und zum Abnehmen, gänzlich ungeeignet für Pitta

Sesamöl: ideal für Vata, für Kapha nur bedingt und für Pitta gar nicht geeignet

Sonnenblumenöl: gut für Kapha, jedoch auch für alle anderen Doshas

Vorsicht, Senföl erwärmt sehr stark, kann die Haut reizen und darf nicht auf offene Wunden aufgetragen werden!

Hilfreiche Badeessenzen

Für ein Wannenbad mischen Sie etwa 10 Tropfen eines der folgenden ätherischen Öle mit 1 Esslöffel Sahne oder Honig und geben das Ganze dann in das heiße Wasser. 10 bis 15 Minuten darin baden. Anschließend sollten Sie sich möglichst sofort ins Bett legen.

Eine Meditationspause hilft auch tagsüber ganz gut, um eventuell aufkommenden Hunger bzw. Heißhungeranfälle schadlos zu überstehen.

Rosmarin: hilft bei Verspannungen und regt den Kreislauf an

Melisse: fördert die Einschlafbereitschaft und entspannt auf sanfte Weise den ganzen Körper

Jasmin: beruhigt und hilft bei gereizter Haut – macht das Bad zu einem besonderen sinnlichen Erlebnis

Lavendel: wirkt krampflösend, hilft bei Kopfschmerzen und wirkt stark beruhigend

Wacholder: beseitigt Stress und innere Unruhe

Zum Tagesabschluss zur Ruhe finden

An den Abenden, an denen Sie sich nicht durch eine Massage entspannen, empfiehlt es sich, einige Minuten lang mit Hilfe einer Meditation zur Ruhe zu kommen. Anschließend werden Sie gut schlafen können.

- Für eine Meditation benötigen Sie nichts weiter als ein paar ungestörte Minuten Zeit.
- Setzen Sie sich mit geradem Rücken hin und nehmen Sie eine Meditationshaltung ein, die Ihnen angenehm ist: entweder den Schneidersitz oder den Lotussitz. Die Hände ruhen locker ineinander gelegt im Schoß.
- Schließen Sie die Augen und richten Sie Ihren Blick von innen auf den Punkt zwischen den Augenbrauen über der Nasenwurzel. Versuchen Sie, sich auf diesen Punkt zu konzentrieren. Wenn Ihre Gedanken abschweifen, holen Sie sie wieder zurück. Mit der Zeit wird Ihnen das ganz gut gelingen.
- Nach einigen Minuten öffnen Sie die Augen wieder und kehren in die Gegenwart zurück.

An Blüten zu riechen ist natürliche Aromatherapie. Düfte wirken ganz direkt, ohne Umweg über den Verstand. Deshalb sind Bäder mit ätherischen Blütenölen auch so heilsam und wohltuend.

Fasten und **heilen** mit Ayurveda

- *Die kleine Ayurveda-Fastenkur*
- *Die ayurvedische Haus-apotheke*

Eine Fastenkur, zweimal im Jahr oder auch öfter durchgeführt, reinigt den Körper von Schadstoffen und zusätzlich nimmt man noch ein paar Pfunde ab. Fasten beugt darüber hinaus vielen Erkrankungen vor. Und wenn man dennoch von Beschwerden geplagt wird, kennt der Ayurveda viele sanfte Heilmittel.

Die kleine **Ayurveda-Fastenkur**

Wenn Sie eine Magen-Darm-Grippe oder auch einen grippalen Infekt haben, werden Sie wenig bis gar keine Lust auf Essen verspüren. Das ist gut und normal so, denn Ihr Körper benötigt seine ganze Energie, um die Erkrankung zu beseitigen – für die Verdauung sind jetzt keine Ressourcen verfügbar.

Es ist nicht sinnvoll, diese Kur während Ihres normalen Arbeitsalltags durchzuführen. Nehmen Sie sich dafür ein paar Tage Auszeit – es lohnt sich.

Machen Sie sich dieses Prinzip zunutze: Wenn Sie Ihrem Verdauungssystem ein paar Tage keine übermäßige Arbeit aufbürden, kümmert sich Ihr Körper vermehrt um all jene Schlacken, die sich im Lauf der Zeit angesammelt haben, er verbrennt sie regelrecht und leitet die Reste aus. So können Sie nicht nur Fettgewebe abbauen – ein angenehmer Nebeneffekt –, sondern sich obendrein von möglicherweise krank machendem Ballast befreien.

Je nach Dosha-Typ sollten Sie die folgende Kur unterschiedlich lange durchführen: Kapha-Typen bis zu sieben Tage, Pitta-Typen drei bis sechs Tage, Vata-Typen nur drei bis vier Tage.

Der Vorbereitungstag – zwingend notwendig

Unabhängig vom Typ beginnt die Kur mit einem so genannten Vorbereitungstag, an dem Sie deutlich weniger essen sollten als normal und abends nur noch eine heiße dünne Gemüsebrühe trinken sollten.

Der Ablauf der Fastenkur

▶ An jedem Abend der Kur trinken Sie vor dem Schlafengehen 1 Teelöffel Triphala-Pulver, das in 1 Glas mit kochendem Wassers aufgelöst wurde, möglichst heiß. Triphala bedeutet »Drei Früchte«, eine arzneiliche Kombination (aus Amalaki, Bibhitaki und Haritaki), die Sie im ayurvedischen Fachhandel erhalten. Triphala bietet eine wirkungsvolle Möglichkeit, Stoffwechselgifte aus dem Körper zu entfernen.

▶ Halten Sie sich während der Fastenkur streng an einen geregelten Tag-Nacht-Rhythmus, wie er bereits beschrieben wurde (Seite 57 f.) – keine langen Fernsehnächte, kein Schlafen bis »in die Puppen« – und beginnen Sie jeden Tag mit den üblichen Ritualen (siehe Seite 58 f.).

▶ Trinken Sie morgens und abends stets noch 1 Glas heißes Wasser, das zuvor 20 Minuten lang gekocht hat. So können Sie den Effekt des Fastens noch deutlich steigern.

▶ Trinken Sie tagsüber viel warme Getränke. Vata-Typen dürfen ab und zu etwas Milch zugeben, Pitta-Typen sollten viel (bittere) Leber-Gallenblasen-Tees trinken, Kapha-Typen ebenfalls bittere Tees sowie lauwarmes Wasser mit Honig. Feste Nahrung nehmen Sie während des Fastens gar nicht zu sich.

▶ Strengen Sie sich während der Fastenzeit weder körperlich noch geistig übermäßig an und gönnen Sie sich tagsüber immer wieder einmal Ruhepausen, ohne aber zu schlafen.

▶ Versuchen Sie, sich während dieser Zeit nicht durch äußere Umstände ablenken zu lassen. Konzentrieren Sie sich auf sich selbst. Sie können jetzt viel über sich, Ihre Wünsche und Ziele erfahren, wenn Sie in sich hineinhorchen. Sie werden vielleicht feststellen, dass manche Dinge in Ihrem Leben nichts zu suchen haben. Hören Sie auf Ihre innere Stimme und befreien Sie sich von Ballast.

▶ Achten Sie auf Ihren Atem, wie er sich in verschiedenen Situationen verändert, und bemühen Sie sich um einen gleichmäßigen Atemrhythmus (siehe dazu die Übung der Bauchatmung auf Seite 73). Am Anfang der Fastenkur sollten Sie dies häufiger tun. Nach einer Weile aber wird die Atemkontrolle nur noch wichtig, wenn Sie Belastungen ausgesetzt sind.

Tipp

Die Atemübungen auf Seite 73 ff. können Sie jederzeit durchführen. Sie werden Ihnen stets zu mehr Ruhe und Gelassenheit verhelfen und zusätzlich die Versorgung Ihres Gehirns mit Sauerstoff verbessern, so dass es wesentlich leistungsfähiger wird.

Das Fastenbrechen – so wichtig wie das Fasten selbst

Während des Fastens – und danach – unterstützt Ingwerwasser die Entschlackung. Dazu 1 Esslöffel frisch geriebenen Ingwer in 1 Liter kochendem Wasser 30 Minuten lang ziehen lassen. Über den Tag verteilt trinken. Gut für Kapha und Vata, in geringen Mengen auch für Pitta.

Nach dem Fasten sollten Sie sich drei Tage lang sehr leicht ernähren (natürlich Ihrem Dosha gemäß: siehe Seite 24 ff.). Zu Anfang mit leichten Gemüsebrühen, dann nach und nach mit Gemüse (noch keine Rohkost!). Ganz, ganz langsam sollten Sie schwerer verdauliche Lebensmittel in Ihren Speiseplan aufnehmen.

Ihr Körper muss langsam wieder auf die normale Nahrungsverarbeitung umschalten können. Wenn Sie diesen Vorgang zu sehr beschleunigen, werden Sie binnen kurzem auch verlorene Pfunde wieder auf der Waage begutachten können. Denn während des Fastens schaltet Ihr Körper auf Sparflamme und nutzt alle Energie, die ihm geboten wird. Während des Fastens ist das nicht allzu viel, so dass er auf Ihre (Fett-) Reserven umschalten muss. Wenn Sie nun nach dem Fasten zu schnell wieder die volle Palette bieten, wird er zunächst alles raffen und das aktuell nicht Benötigte als (Fett-) Reserve speichern. Das aber wollen Sie ja nun gerade nicht, oder?

Atemübungen während und nach dem Fasten

Nicht nur während einer Fastenkur, sondern auch im normalen Alltag spielt der Atem eine ganz wesentliche Rolle: Denn dem Ayurveda nach regeneriert gesunde Atmung die Lebensenergie Prana.

Doch auch aus westlicher Sicht ist das Atmen von zentraler Bedeutung. Beobachten Sie sich einmal selbst, wenn Sie gestresst sind. Sie atmen sehr viel schneller und weniger tief als in Ruhe. Durch die flache Atmung wird jedoch der Stress für Ihren Organismus und Ihre Psyche noch verstärkt. Sie können dies leicht testen: Atmen Sie kurzzeitig schnell und hektisch – Sie merken rasch, wie Sie nervöser werden. Den umgekehrten Effekt hat eine ruhige, tiefe und gleichmäßige Atmung: Sie gewinnen Ihre Ruhe zurück bzw. verlieren sie erst gar nicht und bleiben damit souverän in Ihren Handlungen. Die folgenden Atemübungen zeigen Ihnen, wie es geht.

Ruhe gewinnen durch die Bauchatmung

Die meisten von uns neigen zur Brustatmung. Erkennbar ist dies daran, dass sich beim Einatmen zwar der Brustkorb vergrößert, nicht jedoch der Bauchumfang. Die Brustatmung ist flacher als die Bauchatmung und versorgt Körper und Gehirn weniger gut mit lebenswichtigem Sauerstoff. Die tiefe Bauchatmung üben Sie folgendermaßen:

▶ Legen Sie sich bequem auf den Rücken und platzieren Sie Ihre Hände auf dem Bauch. Schließen Sie die Augen und versuchen Sie, den Alltag zu vergessen. Nun konzentrieren Sie sich auf Ihre Atmung und Ihre Hände. Atmen Sie 1-mal tief aus und anschließend ohne Druck wieder ein, wobei Sie den Atem in den Bauchraum leiten. Spüren Sie, wie sich Ihr Bauch hebt? Atmen Sie aus und drücken Sie die Luft bewusst wieder aus dem Bauch heraus. Beobachten Sie, wie sich Ihr Bauch beim nächsten Einatmen (ohne Druck!) stärker hebt.

▶ Nach einer Weile beginnen Sie, bei jedem Ausatmen zu zählen – von 1 bis 10 – dann wieder von vorn. Prüfen Sie zwischendurch ab und zu, ob Sie auch weiterhin in den Bauch atmen oder ob sich die Brustatmung wieder eingeschlichen hat.

Diese Übung sollten Sie mindestens 1-mal am Tag ausführen. Nach einiger Zeit werden Sie nicht nur im Alltag häufiger tief atmen, Sie werden sich auch mit der Bauchatmung in Stresssituationen sehr schnell beruhigen können.

Wechselseitige Atmung – vor allem gut für Vata-Typen

▶ Zunächst sollten Sie Ihre Nase putzen oder möglichst sogar mit einer Nasendusche spülen (dies gilt auch für die folgenden Übungen). Setzen Sie sich bequem, aber mit aufrechtem Rücken hin (es geht auch im Liegen).

▶ Atmen Sie einige Male mit geschlossenen Augen tief aus und ein.

▶ Nun führen Sie die rechte Hand an die Nase, verschließen mit dem Daumen das rechte Nasenloch und atmen tief ein.

▶ Jetzt den Daumen lösen und mit dem Zeigefinger das linke Nasenloch zuhalten und durch das rechte

Tipp

Machen Sie es sich zur Regel, mehrfach am Tag auf Ihren Atem zu achten. Nicht nur dann, wenn Sie Ihre Atemübungen durchführen, sondern auch zwischendurch. Die Kontrolle über den Atem zu gewinnen bedeutet, die Kontrolle über sein Leben zu bekommen.

ausatmen. Diesen Vorgang etwa 5 Minuten lang wiederholen bzw. solange es Ihnen angenehm ist.

▶ Jetzt wird gewechselt: Halten Sie beim Einatmen das linke Nasenloch zu und atmen Sie durch das rechte aus, während Sie das linke zuhalten.

Neben dem Wechseln der Nasenlöcher ist vor allem die Länge der Ausatmung wichtig. Zu Beginn sind Ein- und Ausatmung noch etwa gleich lang, dann sollten Sie sich (ohne Zwang) bemühen, die Ausatmung zu verlängern. Das Einatmen wird dadurch automatisch tiefer.

Kühlende Atmung für Pitta-Typen

Die Fähigkeit, die Zunge zu rollen, also eine Röhre zu formen, ist genetisch bedingt. Wenn Sie zu den »Nicht-Rollern« gehören, bilden Sie mit der Zunge zumindest eine flache »Wanne«. Damit funktioniert die kühlende Atmung auch problemlos.

Diese Atmung kühlt den Körper und beruhigt das Pitta-Dosha.

▶ Nehmen Sie eine bequeme aufrechte Sitzhaltung ein, schließen Sie die Augen und öffnen Sie den Mund ein wenig. Strecken Sie die Zunge etwas heraus und formen Sie mit ihr eine möglichst enge Röhre.

▶ Atmen Sie langsam durch diese Röhre ein. Entspannen Sie nun die Zunge, schließen Sie den Mund und halten Sie dabei den Atem etwas an. Dann 1-mal schlucken.

▶ Anschließend atmen Sie durch die Nase wieder aus.

▶ Diesen Vorgang einige Minuten lang wiederholen.

Erhitzende Atmung für Kapha-Typen

Diese Übung stärkt die Lunge und ist besonders Kapha-Typen sowie Rauchern zu empfehlen.

▶ Setzen Sie sich bequem aufrecht mit geschlossenen Augen hin. Atmen Sie tief durch die Nase ein.

▶ Pressen Sie nun die Luft mit Kraft und in mehreren Schüben hintereinander aus der Nase wieder aus.

▶ Jetzt wieder ohne Kraft einatmen und anschließend stoßweise die Luft kraftvoll ausatmen. 2-mal wiederholen.

Wichtig: Falls Ihnen schwindelig wird, die Übung sofort abbrechen.

Die ayurvedische Hausapotheke

Neben der ayurvedischen Fastenkur und zusätzlichen reinigenden Maßnahmen (wie Massagen, Dampfbäder, Einläufe etc.) kennt man im Ayurveda einfache Heilmittel gegen viele Alltagsbeschwerden.

Ayurvedische Heilmittel bei Beschwerden

Akne und Hautunreinheiten

▶ Nehmen Sie 2-mal am Tag 50 Milliliter Aloe-vera-Saft mit 1 Messerspitze Kurkuma ein.

▶ Für die äußerliche Anwendung stellen Sie aus Triphala-, Kurkuma- und Sandelholzpulver (zu gleichen Teilen) unter Zugabe einer entprechenden Menge Milch eine Paste her, die Sie auf die betroffenen Hautgebiete auftragen. Etwa 30 Minuten lang einwirken lassen. Anschließend mit lauwarmem Wasser abwaschen. Vorsicht: Die Haut kann sich dadurch zeitweise gelb verfärben!

Pfeffer ist ein Alltagsgewürz. Im Ayurveda wird er aber ganz gezielt eingesetzt bei einer Schwäche des Verdauungsfeuers Agni.

Husten, Schnupfen, Heiserkeit

Erkältungskrankheiten – medizinisch grippale Infekte genannt – werden im Ayurveda auf ein erhöhtes Kapha-Dosha zurückgeführt. Daher sollten Sie während einer Erkältung Kapha stärkende Lebensmittel meiden, vor allem Süßigkeiten, Eis, kalte Getränke, Quark und Bananen.

Gut gegen Schnupfen

Kauen Sie morgens noch vor dem Frühstück 1 daumendickes Stück Ingwer zusammen mit einem gleich großen Stück Palmzucker langsam und gut durch. Diese Maßnahme befreit die Nase und lässt sich problemlos auch tagsüber zwischendurch mehrmals wiederholen.

Mischen Sie etwas neutrale Körpercreme mit einigen Tropfen Eukalyptusöl und verreiben Sie das Ganze auf der Brust. Lindert Husten und Bronchitis.

Erkältungstee

Geben Sie 6 bis 8 Scheiben Ingwer sowie 1 Teelöffel Süßholzwurzeln in 1 Liter Wasser und lassen Sie das Ganze 15 Minuten lang kochen. Danach 3 Teelöffel Lindenblüten hinzufügen und ca. 10 Minuten zugedeckt ziehen lassen. 1 Teelöffel geriebenen Palmzucker darin auflösen und den Tee durch ein Sieb in eine Thermoskanne abgießen. Trinken Sie den Erkältungstee möglichst heiß in kleinen Schlucken über den Tag verteilt.

Menstruationsbeschwerden

Wenn Sie unter einer schmerzhaften Menstruation leiden, nehmen Sie bereits ab der Mitte des Zyklus bis zum Blutungsbeginn 3-mal täglich 30 Milliliter Aloe-vera-Saft mit 1 Messerspitze schwarzem Pfeffer verrührt ein.

Orangenhaut (Zellulite)

Die Zellulite ist zwar keine Krankheit, sondern resultiert aus einer Bindegewebsschwäche und stark angefüllten Fettzellen im Unterhautgewebe. Da die Zellulite dennoch für viele (fast ausschließlich Frauen) ein kosmetisches Problem meist im Bereich des Bauches sowie der Hüften und Oberschenkel darstellt, hier ein Tipp aus dem Ayurveda:

▶ Massieren Sie die betroffenen Hautgebiete immer am Abend mit einer Ölmischung, die zu gleichen Teilen aus Sonnenblumen-, Sesam- und Senföl besteht (bei Hautreizungen oder sehr empfindlicher Haut die Menge des Senföls reduzieren).

Regelmäßige Ölmassagen kombiniert mit typgerechter Ernährung und ausreichend Bewegung können Zellulite vorbeugen bzw. lindern.

Oben: Safran hilft bei Schlafproblemen. Unten: Das Öl der Gewürznelken kann Zahnweh lindern.

▶ Tragen Sie anschließend 1 Teelöffel Kalmuswurzelpulver auf, das Sie zuvor mit Wasser zu einer Paste vermischt haben. Über Nacht einwirken lassen.

Schlafprobleme

▶ Geben Sie einige Tropfen Lavendelöl in eine Duftlampe und stellen Sie sie 30 Minuten vor dem Zubettgehen ins Schlafzimmer. Löschen Sie die Duftlampe vor dem Schlafen, da der Geruch sonst zu intensiv wird.

▶ Zusätzlich oder alternativ sollten Sie abends Stirn und Schläfen sanft mit einigen Tropfen Mandelöl massieren.

▶ Trinken Sie 1/2 Stunde vor dem Zubettgehen 1 Glas warme Milch. Die Milch dafür mit 1 Messerspitze Safran auf niedrigster Temperatur 30 Minuten lang köcheln lassen, dann mit 1 Prise gemahlener Muskatnuss sowie Rohrzucker oder Honig verrühren und in kleinen Schlucken trinken.

Verstopfung

▶ Trinken Sie vor dem Schlafengehen einen Tee aus 1 Teelöffel Triphala-Pulver, das Sie in 1 Glas kochendem Wasser gelöst haben. Diese Anwendung können Sie auch über längere Zeit ohne Nebenwirkungen durchführen.

▶ Zusätzlich helfen Yogaübungen, eine vermehrte Flüssigkeitsaufnahme und reichlich Bewegung.

A
Agni (»Verdauungsfeuer«) 17, 20, 23, 27, 30 ff., 38, 61
Ayurveda-Eigenschaften
– von Gerichten 41 ff.
– von Getränken 41 ff.
– von Gewürzen und Kräutern 28 ff.
Ayurveda-Fastenkur
– Ablauf 70 f.
– Atemübungen 72 ff.
– Fastenbrechen 72
– Triphala-Pulver 70, 78
Ayurveda-Tagesablauf
– 1. Aufstehen 57 f.
– 2. Morgentoilette 58
– 3. Selbstmassage 59
– 4. Bewegung 60
– 5. Frühstück 60 f.
– 6. Vormittag 61
– 7. Mittagszeit 61 f.
– 8. Nachmittag 62
– 9. Abendessen 62 f.
– 10. Abendgestaltung 63 ff.
– 11 Tagesabschluss 64 ff.

B
Biorhythmen 56, 61

C
Chronobiologie 56, 62

D
Dosha-(Vata-, Pitta-, Kapha-) Typen
– Badeessenzen 66
– Essenszeiten, ideale 18, 60 ff.
– Fastenkur, Dauer 70
– Geschmacksrichtungen, sechs 22 f., 27
– Getränke und Gerichte, typgemäße (Rezepte) 38 ff.
– Gewürze und Kräuter 28 ff.
– Lebensmittel 24 ff.
– Massageöle 65
– Mischtypen 27
– Prakruthi-Zustand 11
– Tagesablauf, idealer 56 ff.
– Zuordnungstabelle 12 f.
Doshas, drei 10
Doshas, Harmonisierung
– Wirkung ayurvedischer Gewürze und Kräuter 28 ff.
– Wirkung der sechs Geschmacksrichtungen 22 ff.

E
Elemente (Äther oder Raum, Feuer, Luft, Wasser, Erde) 9, 16
Ernährungsgrundregeln, ayurvedische
– Drei-Drittel-Regel 18, 20
– Essenszeiten 18
– Körpersignale 21

G
Geschmacksrichtungen (Rasas), sechs
– bitter 16, 23
– herb 16, 23 f.
– salzig 16, 22 f.
– sauer 16, 23
– scharf 16, 23
– süß 16, 22
Gewürze und Kräuter 28 ff.
Gewürzmischungen (Masalas und Churnas) 52 f.

H
Heilmittel, ayurvedische gegen
– Akne und Hautunreinheiten 75
– Husten, Schnupfen 75, 77
– Menstruationsbeschwerden 77
– Orangenhaut (Zellulite) 77 f.
– Schlafprobleme 78
– Verstopfung 78
Homöostase 8, 10

K
Kapha-Dosha
– Atemübung: erhitzende Atmung 74
– Eigenschaften 12 f.
– Essenszeiten, ideale 18, 61 f.
– Gerichte, geeignete 41 ff.
– Getränke, geeignete 39 f.
– Lebensmittel 25 ff.
– Wirkung der Gewürze und Kräuter 28 ff.
– Wirkung der sechs Geschmacksrichtungen 22 f.
– Zuordung der Elemente 16
Kochen, ayurvedisches
– als Meditation 36 f.
– Gewürze und Kräuter 28 ff.
– Gewürzmischungen 52 f.
– Ghee 37 f.
– Kokosmilch 48
– Rezepte 39 ff.

L
Lebensenergie (Prana) 16, 72

P
Pitta-Dosha
– Atemübung: kühlende Atmung 74
– Eigenschaften 12 f.
– Essenszeiten, ideale 18, 61 f.
– Gerichte, geeignete 41 ff.
– Getränke, geeignete 39 f.
– Lebensmittel 25
– Wirkung der Gewürze und Kräuter 28 ff.
– Wirkung der sechs Geschmacksrichtungen 22 f.
– Zuordung der Elemente 16

R
Rezepte, ayurvedische
– Beilagen 47 ff.
– Getränke 39 ff.
– Hauptgerichte 44 ff.
– Nachspeisen 50 f.
– Snacks, Vorspeisen und Suppen 41 ff.

S
Stirnguss mit Öl (Shirodhara) 8

U
Übergewicht
– Abnehmen 60, 63
– Ernährungsfehler 18, 20
– Vermeidung 20 f.

V
Vata-Dosha
– Atemübung: wechselseitige Atmung 73 f.
– Eigenschaften 12 f.
– Essenszeiten, ideale 18, 60, 62
– Gerichte, geeignete 41 ff.
– Getränke, geeignete 39 f.
– Lebensmittel 24
– Wirkung der Gewürze und Kräuter 28 ff.
– Wirkung der sechs Geschmacksrichtungen 22 f.
– Zuordung der Elemente 16
Veden 8

Die im Buch veröffentlichten Ratschläge wurden vom Verfasser sorgfältig erarbeitet und geprüft. Eine Garantie kann dennoch nicht übernommen werden, ebenso ist eine Haftung des Verfassers bzw. des Verlages und seiner Beauftragten für Personen-, Sach- und Vermögensschäden ausgeschlossen.

Bibliografische Information der Deutschen Bibliothek
Die Deutsche Bibliothek verzeichnet diese Publikation in der Deutschen Nationalbibliografie; detaillierte bibliografische Daten sind im Internet über http://dnb.ddb.de abrufbar.

Bildnachweis
Alle Fotos wurden von Ingolf Hatz, München, auf Sri Lanka aufgenommen.

Urania Verlag
in der
Verlagsgruppe Dornier GmbH
Postfach 80 06 69, 70506 Stuttgart

www.urania-verlag.de
www.verlagsgruppe-dornier.de

Lektorat und Bildredaktion:
Dr. med. Christiane Lentz
Umschlaggestaltung: Behrend & Buchholz, Hamburg
Umschlagbild: © zefa/stockbyte
Layout: Dr. Alex Klubertanz
Idee und Realisation: Medienprojekte München
Druck: Westermann Druck, Zwickau
Printed in Germany

ISBN 3-332-01620-2